340.

D1720598

Dossiers Michel Vaillant

Georges ETTINGER

JACKY ICKX
L'enfant terrible

Pierre Dieudonné
Jean Graton

GRATON éditeur
70, AVENUE DES COCCINELLES, B - 1170 BRUXELLES

SOMMAIRE

Portrait d'un héros en temps de paix

Depuis la fin de la guerre 40-45, le monde occidental a eu l'énorme privilège de vivre en paix et dans une relative prospérité, ce qui a permis à l'homme d'accomplir toutes sortes d'exploits pour d'autres raisons que sa seule survie. Est-ce parce que Jacky Ickx est né le premier jour de cette année 1945 qu'une bonne fée s'est penchée sur son berceau? L'éclectisme d'une carrière qui n'a guère suivi d'autre plan que celui de son envie, ce dilettantisme éclairé et tenace à l'heure du professionnalisme naissant, l'intelligence d'un écolier que ses professeurs ne sont pas parvenus à intéresser: toutes ces caractéristiques ont fait de Jacky Ickx un pilote automobile pas comme les autres. Portrait d'un héros en temps de paix, chez qui l'homme a su dépasser le champion.

La chance est un mot qui revient souvent lorsque l'on demande à Jacky Ickx de jeter un coup d'oeil dans le rétroviseur de sa vie. Pour un pilote de Formule 1 de sa génération, le signe de cette chance, c'est surtout d'être encore vivant à l'aube de la cinquantaine: la providence s'est trouvée sur sa route lorsqu'il en a eu le plus besoin, pendant plus de trente ans de sports mécaniques. La chance, c'est d'être passé au travers d'inéluctables coups durs, de quelques accidents terrifiants et de blessures douloureuses, tant physiques que morales: un parcours qui donne une perspective humble et profonde sur les vraies valeurs de la vie, ce bien tout à la fois inestimable et si précaire. La chance, c'est aussi de poursuivre aujourd'hui une existence heureuse et sereine dans un entourage familial animé par cinq beaux enfants d'âges étalés. C'est de tout cela dont Jacky est conscient lorsqu'il parle de la chance. Mais elle n'explique pas tout. Ce n'est pas elle qui a gagné huit Grands Prix de F1, six fois les 24 Heures du Mans (une performance inégalée), deux titres mondiaux en endurance et le record du nombre de victoires en sport-prototypes, la série CanAm

et des rallyes-raids comme le Paris-Dakar, sans parler d'accomplissements souvent plus forts que des victoires. Alors, qu'est-ce qui explique ce panache si particulier et l'éclectisme qui auréolent la carrière de Jacky Ickx?
Les dons et le talent, cette matière première dont tous les champions héritent par naissance, quel que soit leur sport, n'est pas non plus suffisante. Ce qui distingue les sportifs de haut niveau les uns des autres, c'est l'usage qu'ils font de ce talent, au gré d'autres qualités et défauts qui déterminent la personnalité de chacun d'entre eux. Certains polissent leurs dons par un travail acharné: si cela avait été le

A cinq ans, Jacky "aime surtout les jeux brutaux et sauvages... Joue aussi volontiers avec avions ou autos... tâche de gagner, ce qui le rend très fier", selon ce rapport de l'école.

cas de Jacky, son palmarès aurait été encore plus riche. Mais notre homme a le goût de l'effort, pas celui de la routine laborieuse: «*Je n'aurais jamais pu m'adapter à l'époque actuelle et tenir le rythme de consacrer tout mon temps et toutes mes pensées à la course automobile, comme l'exige la Formule 1 moderne. Déjà dans les années '70, alors qu'on ne faisait encore que peu d'essais privés, Enzo Ferrari me reprochait mon intérêt mitigé pour ce travail de fond, que je trouvais vite fastidieux lorsqu'il se prolongeait*».

"Vous serez dernier toute votre vie!"

L'éducation familiale a joué un rôle prépondérant dans l'orientation de la vie de Jacky Ickx. Il explique que depuis sa plus petite enfance, ses parents l'ont laissé libre d'entreprendre seul les choses difficiles, en l'informant des écueils qu'il aurait à surmonter et en lui expliquant comment s'y prendre. «*De sorte que je réussissais parfois et, quand je ne réussissais pas, j'avais tout de suite envie de recommencer. En fait, mes parents m'ont toujours laissé une liberté presque totale pour les choses acces-*

Le trial, l'école de l'équilibre.

sibles à mon raisonnement. On m'expliquait le pour et le contre, et on me laissait choisir». La pratique du sport et de la compétition faisait partie intégrante de ce système éducatif. C'est ainsi qu'après la trottinette et le vélo, Jacky Ickx enfourche tout naturellement son premier cyclomoteur, puis un Zündapp 50 cm3 que son père lui a offert pour s'initier au trial. Très vite, Jacky remporte plusieurs victoires et, en 1962, un pneu arrière crevé à la fin d'un parcours ne l'empêche pas de négocier avec succès les deux derniers non-stop. Remarqué par ce signe de détermination, il est invité par Zündapp à disputer une épreuve en Allemagne au volant d'une machine d'usine, ce qui débouche sur son premier statut de pilote officiel.

Curieux, Jacky est attiré par d'autres expériences et, toujours en 50 cm3 en raison de son jeune âge, il tâte du moto-cross et de la vitesse pure. A l'école, c'est moins brillant et un de ses professeurs, étant tombé sur le classement d'une course dans laquelle Jacky avait été contraint à l'abandon, lui lance devant toute la classe: *«Dernier en classe! Dernier en course! Vous serez dernier toute votre vie, Monsieur Ickx!».*

champion de trial

Si cette scolarité médiocre fut la clé de contact de sa carrière de pilote automobile, Jacky est *«tout de même surpris, a posteriori, de n'avoir jamais eu envie de rien apprendre à l'école, puis à l'athénée, alors que le besoin d'en savoir davantage est plutôt un trait caractéristique de ma nature. Mais cela m'a tout de même été favorable, parce que si je n'avais pas été si paresseux, et si méchamment humilié par certains professeurs, qui voulaient assurément mon bien à leur manière, je ne serais pas devenu pilote de Grand Prix».*

A dix-huit ans, Jacky Ickx est Champion de Belgique de Trial, catégorie 50 cm3, et il a l'âge de débuter en voiture. Au volant d'un petit coupé BMW 700S *(«peut-être la plus remarquable voiture d'écolage qui ait jamais existé, une sorte de Piper Cub de la compétition automobile»),* puis de Ford Cortina-Lotus, ce gamin, fils d'un éminent journaliste automobile, se fait autant remarquer par sa rapidité que par quelques sorties de route fracassantes. Celle des Coupes de Spa 1964 confronte brutalement le jeune Jacky à l'adversité hostile et à la terrible réalité d'un sport à haut risque. Au premier tour, gêné par une Alfa plus rapide qui vient de le dépasser, il sort de la route dans l'S de Masta, un goulet entre les maisons qui se passe à fond dans la descente du circuit le plus rapide du monde. Le choc est terrible, la Cortina-Lotus s'envole

En 1963, au volant de la BMW 700 S (voir aussi page 42).

et retombe sur son toit dans une petite prairie qui surplombe la route.

L'endroit est interdit, mais des spectateurs s'y étaient installés. L'un d'eux est tué. Dans la confusion, le corps de la malheureuse victime est chargé dans l'ambulance qui ramène le jeune pilote, indemne mais très choqué, vers l'infirmerie du circuit... Ce coup dur, et les remous qu'il suscita, auraient pu être fatals à la carrière de Jacky Ickx. Fort heureusement, Ford Belgium le remet en selle. Son talent évident, et la fraîcheur de sa jeunesse secouant les valeurs établies, lui ont valu l'aide précieuse

Exploits remarqués en Ford Cortina, à Chimay en 1966.

de plusieurs personnes, dont il n'a pas oublié l'importance dans sa mise sur orbite.

Mais Jacky a déjà compris que s'il veut accéder au sommet d'une pyramide qui ne réserve pas de place à tout le monde, c'est à lui de forcer sa chance. Ce qu'il ne manque pas de faire au volant de la Cortina-Lotus, qui compte ses spécialistes comme Jim Clark ou John Whitmore. Ken Tyrrell, déjà connu pour son flair de détecteur de talent, lui propose un essai, qui débouche ensuite sur un contrat pour courir en Formule 3 à l'issue de son service militaire.

Jacky Ickx ne s'est pas attardé en F3, une catégorie peuplée de jeunes loups prêts à toutes les folies, mais passage obligé vers la F2 qui, à cette époque, permettait de se mesurer à la plupart des pilotes de Grands Prix. Très vite, Ken Tyrrell discerne chez Jacky la maturité nécessaire pour le faire débuter en F2, comme équipier de Jackie Stewart.

Entre-temps, Jacky Ickx a déjà été sacré Champion de Belgique en Tourisme; il a remporté les 24 Heures de Francorchamps au

Au Nürburgring en 1967, Ickx signe, en F2, le troisième temps des essais derrière Clark et Hulme, mais devant toutes les autres F1!

volant d'une BMW 2000 TI en compagnie d'Hubert Hahne, un an après son frère aîné Pascal, et il a participé à ses premières 24 Heures du Mans, au volant d'une Ford GT40, avec Jochen Neerpasch.

La saison 1967, celle qui allait propulser Jacky Ickx jusqu'en Formule 1, est mémorable par quelques coups d'éclat. Parmi les ingrédients d'une carrière exceptionnelle, nous avons déjà évoqué le rôle de la chance, celui du talent, de l'intelligence et de l'éducation familiale. Ce qui distingue aussi Jacky Ickx de beaucoup d'autres pilotes de premier plan, c'est cette capacité à frapper un grand coup au bon moment; et aussi, très souvent, lorsque les conditions sont les plus difficiles. En de nombreuses occasions, il a semblé signer ces exploits plus parce que cela l'amusait, pour se surpasser lui-même et atteindre ainsi l'objectif qu'il s'était fixé, que parce qu'il le fallait. On devine qu'il retire alors un plaisir malicieux de l'étonnement qu'il a provoqué.

Début mai, il pleut à verse sur Francorchamps pour les Mille Kilomètres de Spa: des conditions qui ne réjouissent personne sur un circuit aussi sélectif et rapide, donc dangereux. Jacky Ickx est encore un débutant en sport-prototypes, face aux meilleurs pilotes mondiaux de la spécialité: Willy Mairesse, Ludovico Scarfiotti, Mike Parkes, Phil Hill et consorts. Dès le départ, il attaque en tête le pont de l'Eau Rouge avec sa Mirage-Ford, une GT 40 évoluée, devant les superbes Ferrari P4 et la Chaparral américaine, étrangement surmontée d'un vaste aileron qui allait faire école. Malgré un équipier plus lent, l'Américain Dick Thompson, Jacky conquiert sa première grande victoire internationale en sport-prototype, ce genre dont il allait devenir le maître incontesté.

le long vol de la F2

Mais son ticket d'entrée par la grande porte en Formule 1, c'est sur le circuit du Nürburgring que Jacky Ickx se l'approprie, au début du mois d'août. Comme les voitures de Formule 1 ne sont pas très nombreuses pour animer ce Grand Prix d'Allemagne sur la fameuse Nordschleife, ce tracé long de vingt-deux kilomètres, les organisateurs ont décidé d'admettre aussi les voitures de Formule 2. Nettement moins puissantes avec leurs moteurs de 1.600 cm3 face aux F1 3 litres, elles doivent former une seconde grille de départ, derrière celle réservées aux F1. Ken Tyrrell y a engagé Jacky Ickx avec la Matra-Cosworth.

Lors des essais qualificatifs du samedi, j'avais accompagné mon ami photographe Michel Delombaerde à l'autre bout du circuit, dans la remontée vers le Karrusel, à un endroit nommé Kesselchen. Sur ce circuit qui compte plus de cent cinquante virages, les voitures décollaient environ dix-sept fois par tour en raison du relief accidenté dans le massif boisé de l'Eifel. Michel avait choisi cet endroit parce qu'il était spectaculaire et photogénique. Nous étions

La Matra F2, qui propulsa Jacky Ickx jusqu'en Formule 1.

seuls à voir passer les voitures, environ toutes les huit minutes lors d'un tour rapide. Mais cela valait la peine d'attendre. Le sentier où nous étions postés dans le sous-bois surplombait le circuit et il nous donnait une vue plongeante sur les voitures qui décollaient à la corde de ce rapide coude à gauche. Elles traversaient dans les airs la largeur de la piste pour reprendre contact avec le sol à droite, de l'autre côté, pas loin de l'herbe et des buissons pour les plus téméraires. L'endroit était d'autant plus impressionnant et intéressant que l'on pouvait écouter les pilotes couper plus ou moins les gaz avant d'entrer dans cette courbe, dont ils ne voyaient pas la sortie. J'entends encore le bruit sourd que faisaient les pneus lorsqu'ils retombaient sur l'asphalte et que les suspensions s'écrasaient sur leurs butées. Parfois les châssis talonnaient en crachant des gerbes d'étincelles. Michel avait l'oeil rivé dans ses objectifs, attentif à déclencher l'obturateur au bon moment. Moi, je pouvais observer les pilotes et je vois encore l'expression de saisissement sur le visage de Denny Hulme, alors qu'il s'était "fait une frayeur".

plus haut que tous

Et puis, il y a eu ce passage - un seul à cette vitesse - de la Matra F2 de Jacky Ickx. On ne l'a pas entendu lever le pied et la frêle monoplace a surgi, bondissant tellement plus haut que tout le monde. Son vol a paru interminable, comme si elle allait s'abîmer dans la forêt de l'autre côté. Elle a finalement atterri à l'extrême limite de la piste, sa roue arrière droite mordant même un peu sur l'herbe en soulevant un nuage de poussière. A la manière dont Jacky Ickx a remis les gaz à fond, sans l'ombre d'une hésitation, pour disparaître vers la courbe suivante, on a compris qu'il n'avait ressenti aucune peur. C'était de la froide détermination; cette volonté d'accepter les risques d'un effort total et calculé sans la moindre marge d'erreur, pour signer un temps qui allait faire sensation. Michel Delombaerde et moi nous nous sommes regardés, éberlués et fascinés par ce que nous venions de voir. A l'endroit où nous étions, nous ne pouvions entendre les informations diffusées par les haut-parleurs. Mais la vitesse de ce passage était tellement évidente que, de retour au paddock, nous ne fûmes qu'à demi surpris d'apprendre la portée de l'exploit dont nous avions été les témoins privilégiés: au volant de sa Matra F2, Jacky Ickx avait signé le troisième temps absolu des essais du Grand Prix d'Allemagne, derrière Jim Clark et Denny Hulme, mais devant toutes les autres F1! Le lendemain, bien que parti derrière les F1 comme l'exigeait le règlement, et non pas sur cette première ligne qu'il avait conquise par sa

performance chronométrique, Ickx accomplit une remontée magistrale: il était quatrième lorsque la rupture d'une rotule de la suspension avant droite le força à l'abandon. Mais c'était sans grande importance: peu après, à vingt-deux ans, il était engagé par Ferrari pour la saison 1968 de Grands Prix. Jacky reconnaît que le déclic définitif de son entrée en Formule 1 s'est produit lors de ce week-end du Nürburgring, et probablement sur ce tour magique aux essais. «*A l'époque, il fallait faire ses classes dans les différentes catégories qui établissaient une hiérarchie fondée sur le mérite: seuls passaient à l'échelon supérieur ceux qui avaient obtenu une distinction*». La manière dont il a brillé en ce jour d'août au Nürburgring, il l'explique par sa parfaite connaissance du circuit, acquise notamment en participant au Marathon de la Route (une épreuve de quatre-vingt quatre heures à plusieurs pilotes) et par les qualités du châssis Matra F2, dont l'agilité et la légèreté constituaient un atout par rapport aux F1 sur un tel tracé. Il n'empêche que le retard des autres F2 présentes dans ce Grand Prix d'Allemagne était de l'ordre de... trente secondes au tour par rapport à la performance du jeune pilote belge! A la fin de la saison, Jacky Ickx était d'ailleurs sacré Champion d'Europe de F2 du fait de l'ensemble de ses résultats.
Quelques mois plus tard, je ne fus plus le témoin isolé d'un autre de ces faits d'armes

Débuts en F1 chez Ferrari, en novembre 1967. Premiers essais avec l'ingénieur Forghieri (à gauche), sous l'oeil sévère du Commendatore. "Enzo Ferrari me reprochait mon intérêt mitigé pour ce travail de fond, que je trouvais vite fastidieux..."

1000 Kilomètres de Spa 1968, sous la pluie: une supériorité prodigieuse.

Suite à son accident au Grand Prix du Canada 1968, Jacky est rapatrié sous l'oeil de ses parents.

Page de droite: Ickx savoure sa victoire au Grand Prix d'Allemagne 69. Au terme d'un superbe duel, il vient de battre Jackie Stewart, réputé le meilleur pilote du monde.

légendaires dont Jacky Ickx a été l'auteur: tout le public des tribunes de Spa-Francorchamps a vécu cet instant extraordinaire avec le même émoi. En cette fin de mai '68, un mois resté historique pour d'autres raisons, le temps est encore plus infect que l'année précédente au départ des Mille Kilomètres de Spa. Et Jacky Ickx nous refait le coup de la Mirage-Ford: dans la pluie battante, il s'installe au commandement de la meute qui escalade le Raidillon, noyée dans d'immenses gerbes d'eau que soulèvent les larges pneus généreusement sculptés. Puis le silence retombe sur Francorchamps, troublé seulement par le brouhaha des spectateurs après l'excitation du départ et par les gouttes de pluie qui s'écrasent innombrables sur le toit des tribunes. Quelques minutes plus tard, les oreilles se tendent à l'écoute du tumulte que l'on entend renaître du côté de Blanchimont et l'on voit monter la traînée d'eau d'une voiture à la sortie du Club House: quelqu'un a réussi à prendre un peu d'avance dans ce premier tour. On l'entend rétrograder toutes ses vitesses au freinage de l'épingle de la Source, avant de voir apparaître la voiture au moment où elle ré-accélère à la sortie de ce virage lent: c'est la Mirage-Ford de Jacky Ickx qui passe en tête. Seule.

où sont les autres?

Elle déboule devant les tribunes à la limite de l'aquaplanage dans les ruissellements d'eau et, en la suivant du regard enfiler le Raidillon, on commence à s'interroger: mais où sont les autres? La clameur du V8 Ford s'estompe déjà dans le lointain. Les secondes qui suivent paraissent interminables. Ce n'est pas possible, il a dû se passer quelque chose. Un accident

qui a bloqué le passage à tous les concurrents? On songe d'autant plus naturellement à cette éventualité que le souvenir du départ du Grand Prix de Belgique 1966 est encore vivace dans les mémoires, lorsque les concurrents, surpris par un orage qui avait éclaté à l'autre bout du circuit, étaient sortis de la route en grand nombre.

C'est alors qu'apparaît enfin le reste de la meute, aussi groupée qu'elle l'est habituellement à la fin d'un premier tour: défiant les flaques avec une rare habileté mêlée de cette audace insolente, Jacky Ickx s'est simplement ménagé une avance de trente-huit secondes sur des poursuivants qui ne le sont déjà plus! Jamais le départ d'une course n'a mis en évidence une telle supériorité. Comme au Nürburgring en F2, la nature des quatorze kilomètres ultra-rapides de Francorchamps se prêtaient idéalement à ce genre d'exploit, surtout parce qu'ils étaient noyés par cette pluie qui faisait peur et qui assimilait encore plus le pilotage à un périlleux exercice d'équilibre. Comme pour le Nürburgring, Jacky Ickx donne une explication pour justifier cette prouesse: il en tempère modestement la portée, alors qu'elle relevait surtout de l'adresse et de l'audace dont il était déterminé à faire étalage dans ces conditions dantesques: «*Avant de prendre le départ des Mille Kilomètres, j'avais remporté l'épreuve annexe des Coupes de Spa au volant d'une Ford Falcon, ce qui m'avait permis de m'acclimater aux circonstances atmosphériques du jour et de repérer où se trouvaient les flaques d'eau les plus dangereuses*».

Un autre coup d'éclat établira définitivement la réputation d'excellence de Jacky Ickx sous la pluie. Six semaines plus tard, au début du mois de juillet, sur un circuit de Rouen détrempé, il domine le Grand Prix de France avec autorité au volant de sa Ferrari. C'est la première victoire d'un pilote belge dans un Grand Prix de Championnat du Monde. Hélas, Jacky n'a pas le coeur en fête: accidenté en début d'épreuve, Jo Schlesser a péri dans sa Honda en flammes.

accélérateur bloqué

Sur le Nürburgring plongé dans le brouillard, Ickx ne peut jouer sa chance: il a perdu sa visière. Sa saison s'achève prématurément au Canada, alors qu'il est 2ème au classement du Championnat du Monde: accélérateur bloqué à fond, il sort violemment de la route et il est

Ci contre:
Rindt, Amon, Ickx,
Mc Laren et Siffert
au Grand Prix de
Hollande 1968.

A droite:
Triomphe de l'équipe
Goodyear au Mexique,
en 1969. On reconnaît
Hulme (à gauche), et
Brabham (à droite).

Jacky Ickx vole vers la
victoire du Grand Prix
d'Allemagne 1969, au
volant de la Brabham.

Première consécration
aux 24 Heures du
Mans... à revivre dans
les pages qui suivent.

extrait de l'épave de sa Ferrari avec un tibia et un péroné fracturés. Jacky nous explique comment cet accident est arrivé. «*Pour améliorer les performances du moteur, le profil des conduits d'admission avait été modifié. A la suite de cela, j'ai constaté que la guillotine d'ouverture des gaz avait tendance à coincer. C'était pendant les essais et l'accélérateur était resté bloqué une première fois, mais j'avais pu garder le contrôle de la voiture moyennant une grosse frayeur et, de retour au stand, Giulio Borsari, mon chef mécanicien, avait tout vérifié, sans rien déceler d'anormal. C'est arrivé une deuxième fois et je me suis de nouveau arrêté pour le signaler et pour faire contrôler le mécanisme. La troisième fois, pour donner suite à ma demande, Borsari a avoué dans un livre vingt ans après qu'il avait fait semblant de vérifier, car il ne trouvait rien d'anormal. Je suis reparti, l'accélérateur s'est encore bloqué et, à l'endroit où cela s'est passé, l'accident était cette fois inévitable. Ce fut le pire moment de la carrière de ce brave Borsari !*»

Pour la saison 69, Ickx est passé chez Brabham. Mais très vite, il se rend compte qu'il est condamné à évoluer dans l'ombre de «Black Jack», le patron. Lorsque Brabham se casse une cheville, la situation du pilote belge s'améliore. Au Nürburgring, il vient à bout de Jackie Stewart au terme d'un superbe duel et il remporte une de ses victoires les plus importantes: s'il peut ainsi battre Stewart, réputé le meilleur du monde, il est définitivement convaincu qu'il peut aussi devenir champion du monde. Mais il lui faut quitter Brabham et il décide de retourner chez Ferrari, qui prépare la nouvelle 312 B, avec son douze-cylindres à plat. Entretemps, il y a aussi eu cette première consécration aux 24 Heures du Mans, lorsque Ickx part dernier en choisissant symboliquement de marcher vers sa Ford GT40 et qu'il devance de justesse la Porsche 908 d'Hans Herrmann au terme d'un duel aussi serré qu'interminable. C'est cette course mémorable que vous allez revivre dans les pages qui suivent.

LE COUP DE LA PANNE

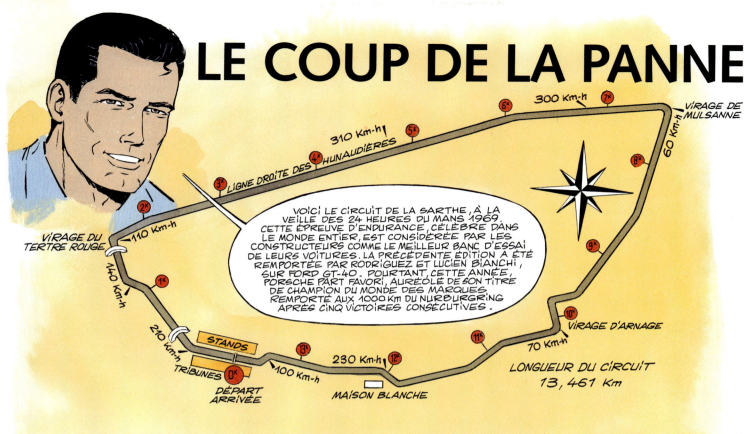

300 Km·h

VIRAGE DE MULSANNE

60 Km·h

310 Km·h

LIGNE DROITE DES HUNAUDIÈRES

VIRAGE DU TERTRE ROUGE

110 Km·h

140 Km·h

210 Km·h

STANDS

TRIBUNES

DÉPART ARRIVÉE

100 Km·h

MAISON BLANCHE

230 Km·h

VIRAGE D'ARNAGE

70 Km·h

LONGUEUR DU CIRCUIT 13,461 Km

VOICI LE CIRCUIT DE LA SARTHE, À LA VEILLE DES 24 HEURES DU MANS 1969. CETTE ÉPREUVE D'ENDURANCE, CÉLÈBRE DANS LE MONDE ENTIER, EST CONSIDÉRÉE PAR LES CONSTRUCTEURS COMME LE MEILLEUR BANC D'ESSAI DE LEURS VOITURES. LA PRÉCÉDENTE ÉDITION A ÉTÉ REMPORTÉE PAR RODRIGUEZ ET LUCIEN BIANCHI, SUR FORD GT-40. POURTANT, CETTE ANNÉE, PORSCHE PART FAVORI, AURÉOLÉ DE SON TITRE DE CHAMPION DU MONDE DES MARQUES, REMPORTÉ AUX 1000 KM DU NURBURGRING APRÈS CINQ VICTOIRES CONSÉCUTIVES.

VOICI LES ÉQUIPAGES. L'ARMADA DE STUTTGART EST IMPRESSIONNANTE.

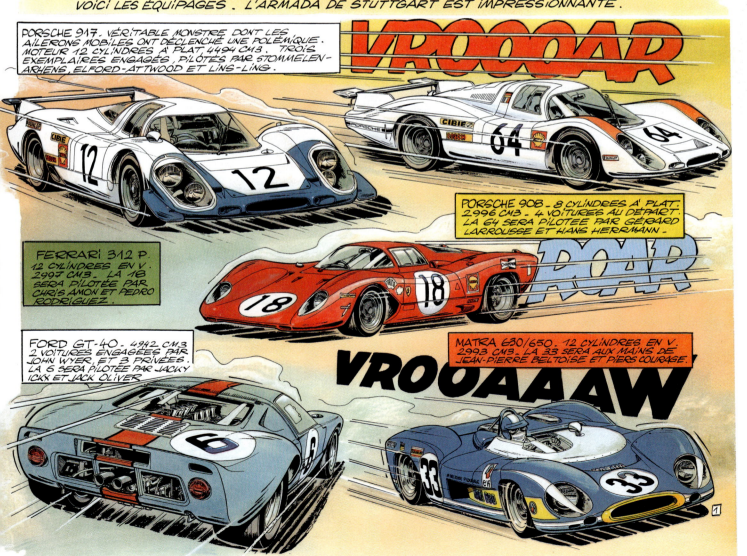

PORSCHE 917. VÉRITABLE MONSTRE DONT LES AILERONS MOBILES ONT DÉCLENCHÉ UNE POLÉMIQUE. MOTEUR 12 CYLINDRES À PLAT 4494 CM3. TROIS EXEMPLAIRES ENGAGÉS, PILOTÉS PAR STOMMELEN-AHRENS, ELFORD-ATTWOOD ET LINS-LING.

VROOOAR

PORSCHE 908. 8 CYLINDRES À PLAT. 2996 CM3. 4 VOITURES AU DÉPART. LA 64 SERA PILOTÉE PAR GÉRARD LARROUSSE ET HANS HERRMANN.

FERRARI 312 P. 12 CYLINDRES EN V. 2997 CM3. LA 18 SERA PILOTÉE PAR CHRIS AMON ET PEDRO RODRIGUEZ.

ROAR

FORD GT-40. 4942 CM3. 2 VOITURES ENGAGÉES PAR JOHN WYER, ET 3 PRIVÉES. LA 6 SERA PILOTÉE PAR JACKY ICKX ET JACK OLIVER

MATRA 630/650. 12 CYLINDRES EN V. 2993 CM3. LA 33 SERA AUX MAINS DE JEAN-PIERRE BELTOISE ET PIERS COURAGE.

VROOAAAW

VROOOAW ALFA ROMÉO. DEUX VOITURES ENGAGÉES PAR L'ÉCURIE BELGE VDS. UNE 3 LITRES ET UNE 2,5 LITRES PILOTÉE PAR TEDDY PILETTE ET ROB SLOTEMAKER.

VROOOAAA

ALPINE RENAULT A 220. 8 CYL. EN V. QUATRE VOITURES ENGAGÉES DONT LA 30 PILOTÉE PAR HENRY GRANSIRE ET JEAN-CLAUDE ANDRUET.

L'ÉPREUVE A REVÊTU SON CARACTÈRE DRAMATIQUE BIEN AVANT LE DÉPART: LE 30 MARS, LORS DES ESSAIS, NOTRE AMI LUCIEN BIANCHI TROUVE LA MORT.

MAIS, COMME TOUJOURS, LA COURSE CONTINUE. LE 15 JUIN 1969, SOUS UN CIEL BRUMEUX, LE DÉPART DES 24 HEURES VA ÊTRE DONNÉ. TOUS LES PILOTES SONT PRÊTS À COURIR POUR SAUTER DANS LEUR VOITURE ET PRENDRE LA PISTE AVANT TOUS LES AUTRES. CE N'EST QU'UNE FOIS LANCÉS DANS LA RONDE INFERNALE QU'ILS LÂCHERONT LEUR VOLANT POUR ATTACHER LEUR HARNAIS.

IL EST QUATORZE HEURES ! LE DRAPEAU VIENT DE S'ABAISSER ET C'EST LE SPRINT POUR TOUS LES PILOTES !

TOUS ? NON. UN PILOTE BELGE, SEUL, MARCHE.

JACKY ICKX EST AUSSI PILOTE DE FORMULE 1. POUR LUI, IL EST INCONCEVABLE DE PRENDRE UN DÉPART SANS ÊTRE ATTACHÉ.

JE VAIS À MON AISE. JE PRENDS LE TEMPS DE M'ATTACHER. TANT PIS SI JE PARS LE DERNIER. LA COURSE DURE VINGT-QUATRE HEURES.

ET ALORS QUE LA FUMÉE BLEUE DES DÉPARTS RAGEURS REJOINT DOUCEMENT LE BROUILLARD, IL PREND LA PISTE BON DERNIER.

3

13

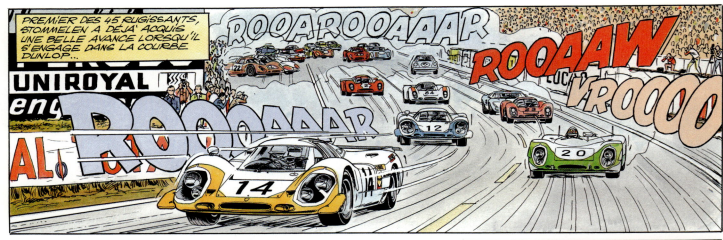

PREMIER DES 45 RUGISSANTS, STOMMELEN A DÉJÀ ACQUIS UNE BELLE AVANCE LORSQU'IL S'ENGAGE DANS LA COURBE DUNLOP...

ROOAROOAAAR
ROOAAW
VROOOO
ROOOAAAR

DANS LE "S" DE MAISON BLANCHE, C'EST LE PREMIER ACCIDENT. LA 917 PRIVÉE DE WOOLFE QUITTE LA ROUTE !

VROOOOP

... ET ...

LE RÉSERVOIR EN FLAMMES EST PROJETÉ SUR LA PISTE, INCENDIANT LA FERRARI DE CHRIS AMON.

LE RIDEAU DE FLAMMES ET DE FUMÉE QUI BARRE LA ROUTE CRÉE UN BOUCHON ET BLOQUE LA COURSE. CHRIS AMON PARVIENT À SE DÉGAGER ...

MAIS WOOLFE, LUI, Y A LAISSÉ LA VIE. TENTAIT-IL, COMME BEAUCOUP DANS CE PREMIER TOUR, D'ATTACHER SON HARNAIS ?

MAIS DÉJÀ LA COURSE REPREND SON RYTHME. STOMMELEN, AU SIXIÈME PASSAGE, ARRACHE LE RECORD DU TOUR. 240 KM-H DE MOYENNE ! PERSONNE N'A ENCORE ROULÉ AUSSI VITE AU MANS !

APRÈS UNE HEURE DE COURSE, LE SOLEIL SE DÉCIDE ENFIN À PERCER.

VROOAAW

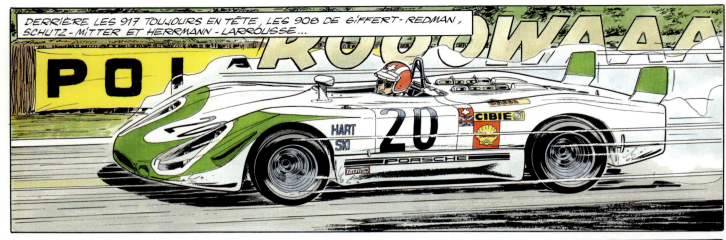

DERRIÈRE LES 917 TOUJOURS EN TÊTE, LES 908 DE SIFFERT-REDMAN, SCHUTZ - MITTER ET HERRMANN - LARROUSSE...

APRÈS DEUX HEURES DE COURSE, PREMIERS ABANDONS...

...ET PREMIERS RAVITAILLEMENTS.

JO SIFFERT EN PROFITE POUR PRENDRE LA TÊTE DEVANT STOMMELEN. IL N'Y A PLUS QUE CINQ VOITURES DANS LE TOUR DE TÊTE... LES AUTRES, DONT ICKX, SONT LOIN DERRIÈRE.

6

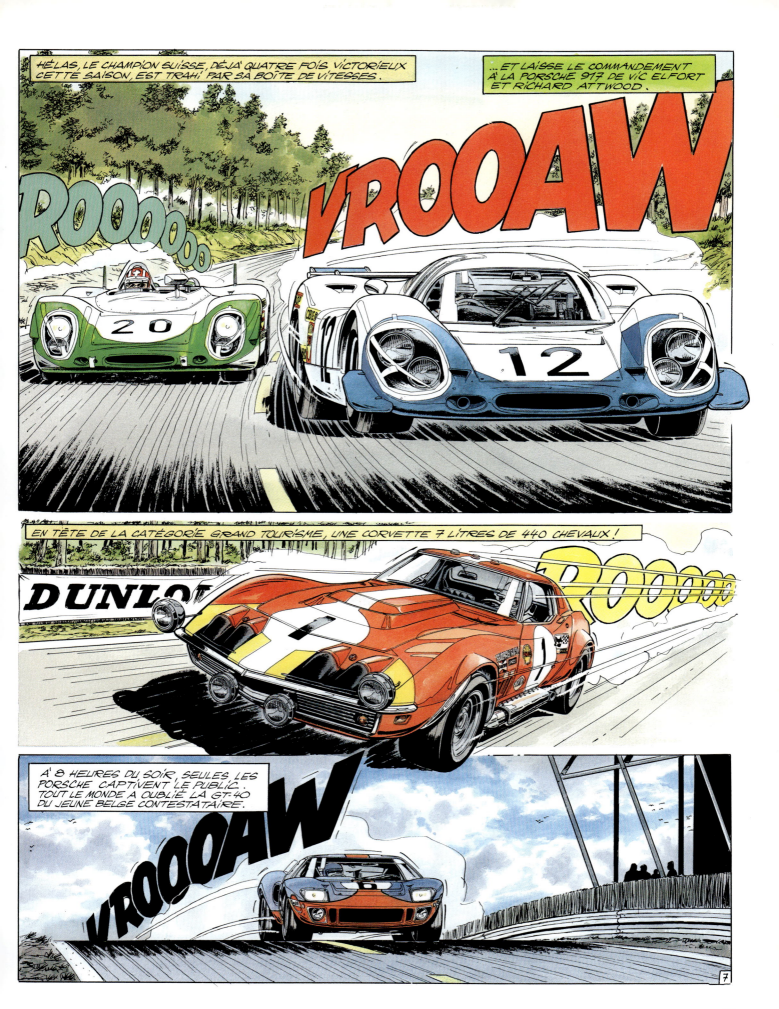

HÉLAS, LE CHAMPION SUISSE, DÉJÀ QUATRE FOIS VICTORIEUX CETTE SAISON, EST TRAHI PAR SA BOÎTE DE VITESSES.

...ET LAISSE LE COMMANDEMENT À LA PORSCHE 917 DE VIC ELFORT ET RICHARD ATTWOOD.

ROOOOOO

VROOAW

EN TÊTE DE LA CATÉGORIE GRAND TOURISME, UNE CORVETTE 7 LITRES DE 440 CHEVAUX !

DUNLO

ROOOO

À 8 HEURES DU SOIR, SEULES LES PORSCHE CAPTIVENT LE PUBLIC. TOUT LE MONDE A OUBLIÉ LA GT.40 DU JEUNE BELGE CONTESTATAIRE.

VROOOAW

7

... QUI, QUAND IL NE PILOTE PAS, GALVANISE SON ÉQUIPE.

CROYEZ-MOI, LES GARS, ON PEUT GAGNER CETTE COURSE. JE VOUS PARIE QUE LES PORSCHE FAIBLIRONT AVANT LA VINGTIÈME HEURE.

DIFFICILE À CROIRE, JACKY... LA 908 DE HERRMANN-LARROUSSE SE HISSE DE LA SIXIÈME À LA QUATRIÈME PLACE, ALORS QU'EN TÊTE ELFORD EST SUIVI DES 908 DE SCHÜTZ-MITTER ET DE LINS-KAUSHEN.

KUUOAAA

À SEPT TOURS DERRIÈRE EUX, LA MATRA DE BELTOISE-COURAGE ET...

TIENS ?! LES DEUX GT-40 DE JOHN WYER !

ROOAAAVROOAW

VERS 23 HEURES, LE BROUILLARD EST RETOMBÉ. IL FAUT LEVER LE PIED.

VROOA VROOO

ET À DEUX HEURES DU MATIN, JACKY DOUBLE LA MATRA.

VROOAAW

LE BROUILLARD S'ÉPAISSIT ET, À QUATRE HEURES, DANS LES HUNAUDIÈRES...

?!

C'EST SCHÜTZ! POURVU QU'IL SOIT INDEMNE.

VROOAW

SCHUTZ S'EN SORT BIEN. MAIS LA MALCHANCE TOUCHE AUSSI LE VELOCE STOMMELEN DONT LA BOÎTE DE VITESSES A RENDU L'ÂME.

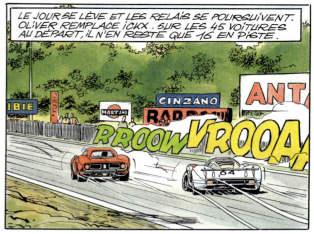

LE JOUR SE LÈVE ET LES RELAIS SE POURSUIVENT. OLIVER REMPLACE ICKX. SUR LES 45 VOITURES AU DÉPART, IL N'EN RESTE QUE 16 EN PISTE.

APRÈS LA VINGTIÈME HEURE DE COURSE, LA PORSCHE DE L'INS ABANDONNE, COMME L'AVAIT PRÉDIT JACKY.

C'EST LA 908 QUI DEVAIT PRENDRE LA RELÈVE DE LA PORSCHE DE TÊTE EN CAS DE DÉFAILLANCE.

UN PEU PLUS TARD, LA 917 S'ARRÊTE À SON STAND. PROBLÈME D'EMBRAYAGE. LA GT-40, AUX MAINS D'OLIVER, PREND LA TÊTE.

VOUS VOYEZ, LES GARS ? TOUT SE PASSE COMME JE LE PRÉVOYAIS.

LE DUEL EST FÉROCE ET VA DURER TROIS HEURES !

FASCINÉ, UN AMÉRICAIN FILME CETTE SPLENDIDE BAGARRE. STEVE McQUEEN, À LA TÊTE D'UNE ÉQUIPE DE 45 TECHNICIENS, EFFECTUE LES REPÉRAGES DU FILM "LE MANS".

MALGRÉ LA FATIGUE DE LA PORSCHE, LA LUTTE RESTE INÉGALE. LA 908 CONSERVE LE MEILLEUR TEMPS AU TOUR ET SA VITESSE DE POINTE EST SUPÉRIEURE.

9

POURTANT, SI JE SORS EN TÊTE DE LA LIGNE DROITE, JE PEUX LUI PRENDRE 120 MÈTRES DANS LA PARTIE SINUEUSE DU CIRCUIT, ENTRE MULSANNE ET LES TRIBUNES.

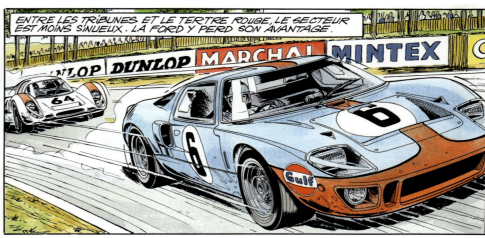

ENTRE LES TRIBUNES ET LE TERTRE ROUGE, LE SECTEUR EST MOINS SINUEUX. LA FORD Y PERD SON AVANTAGE.

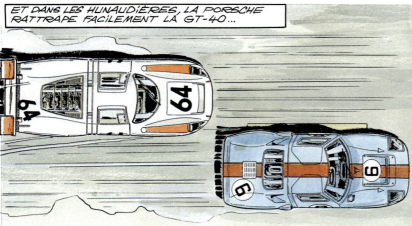

ET DANS LES HUNAUDIÈRES, LA PORSCHE RATTRAPE FACILEMENT LA GT-40...

C'EST ICI QUE JE DOIS SAUTER DANS SON SILLAGE POUR PROFITER DE SON ASPIRATION SINON, ELLE "VA ME METTRE UNE VALISE" AVANT MULSANNE !

... QU'ELLE DÉPASSE À LA MOITIÉ DE LA LIGNE DROITE.

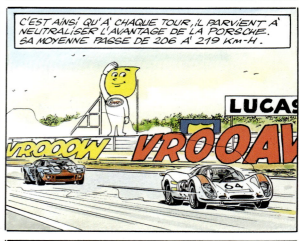

C'EST AINSI QU'À CHAQUE TOUR, IL PARVIENT À NEUTRALISER L'AVANTAGE DE LA PORSCHE. SA MOYENNE PASSE DE 206 À 219 KM-H.

À 12 H 40, LES DEUX VOITURES EFFECTUENT EN MÊME TEMPS LE DERNIER RAVITAILLEMENT.

MAIS ALORS QUE CHEZ PORSCHE HERRMANN REMPLACE LARROUSSE...

JE GARDE LE VOLANT. CHANGEZ LES PLAQUETTES DE FREINS, JE VAIS EN AVOIR BESOIN.

JACKY RAISONNE. IL SAIT QU'IL PEUT "COLLER LA PORSCHE".

JE NE POURRAI JAMAIS LA DISTANCER. MA SEULE CHANCE DE GAGNER, C'EST DE JOUER AUX ÉCHECS.

LE PILOTE BELGE OBSERVE SON ADVERSAIRE. TOUT EN PILOTANT À LA LIMITE, IL ÉCHAFAUDE UN PLAN POUR LE DERNIER TOUR.

EXACTEMENT... AUX ÉCHECS...

ICKX TESTE HERRMANN. DES DIZAINES DE FOIS, LA PORSCHE ET LA GT-40 SE PASSENT ET SE REPASSENT.

VROOAAOVROO

IL VÉRIFIE QUE S'IL DOUBLE LA PORSCHE AVANT MULSANNE, CELLE-CI NE PEUT LE RATTRAPER AVANT LA LIGNE D'ARRIVÉE.

SI JE RÉUSSIS CE COUP-LÀ DANS LE DERNIER TOUR, LA VICTOIRE NE PEUT M'ÉCHAPPER. MAIS POUR CELA, J'AI BESOIN DE SON ASPIRATION. JE DOIS DONC IMPÉRATIVEMENT RENTRER DANS LA LIGNE DROITE DERRIÈRE LUI !

QUATORZE HEURES MOINS 2 MINUTES.

C'EST LE DERNIER TOUR... C'EST LE MOMENT !

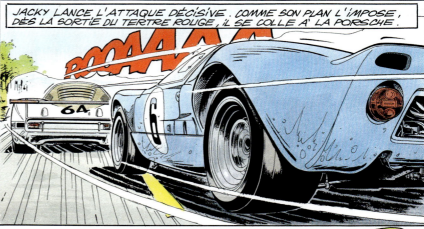

JACKY LANCE L'ATTAQUE DÉCISIVE. COMME SON PLAN L'IMPOSE, DÈS LA SORTIE DU TERTRE ROUGE, IL SE COLLE À LA PORSCHE.

ROOAAA

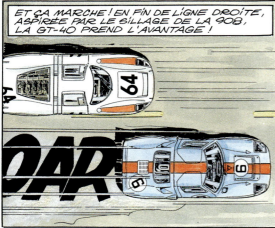

ET ÇA MARCHE ! EN FIN DE LIGNE DROITE, ASPIRÉE PAR LE SILLAGE DE LA 908, LA GT-40 PREND L'AVANTAGE !

QAR

C'EST DANS LA POCHE ! IL NE PEUT PLUS ME DOUBLER AVANT L'ARRIVÉE !

VROOAAOUAAR

ET, FONÇANT VERS LA VICTOIRE...

IL ÉTAIT TEMPS. JE SUIS PRESQUE EN PANNE SÈCHE.

MAIS LÀ, C'EST LA SURPRISE. PAS DE DRAPEAU À DAMIER! IL N'EST QUE 14 HEURES MOINS QUELQUES SECONDES. LES 24 HEURES NE SONT PAS TERMINÉES.

BON SANG! IL RESTE ENCORE UN TOUR!

OOOARVRCOOOAAW

JE SUIS EN MAUVAISE POSTURE! LES RÔLES SONT INVERSÉS.

TOUT LE BÉNÉFICE DE SA STRATÉGIE EST PERDU. ET, COMME SON ADVERSAIRE, IL N'EST PLUS SÛR D'AVOIR ASSEZ D'ESSENCE POUR TERMINER L'ÉPREUVE.

HERRMANN EST SUR SES TALONS. CETTE FOIS, C'EST LUI QUI VA PROFITER DE L'ASPIRATION ET DOUBLER ICKX À LA FIN DES HUNAUDIÈRES.

À NOUS DEUX, JACKY! C'EST MOI QUI AI L'AVANTAGE MAINTENANT!

ET C'EST VRAI! À L'ENTRÉE DE LA LIGNE DROITE, HERRMANN SE COLLE À LA GT-40!

VAS-Y! FENDS L'AIR POUR MOI...S'IL TE RESTE ASSEZ D'ESSENCE!

MAIS LA GT-40 A SOUDAIN UN COMPORTEMENT ÉTRANGE. ELLE N'EST PLUS AUSSI RAPIDE QUE DANS LE TOUR PRÉCÉDENT.

JACKY N'ARRIVE PLUS À PRENDRE DE LA VITESSE. QUE SE PASSE-T'IL ?

C'EST PAS VRAI !? IL TOMBE EN PANNE D'ESSENCE !

C'EST LE MOMENT ! À MOI LA VICTOIRE !

KROOOOAAR RROOO

ET HERRMANN DOUBLE ICKX... QUI ÉTAIT RESTÉ EN QUATRIÈME DANS LES HUNAUDIÈRES.

ET IMMÉDIATEMENT, LA GT-40 SE JETTE DANS L'ASPIRATION DE LA 908.

TU Y AS CRU, HEIN AU COUP DE LA PANNE !

GRÂCE À CETTE MANŒUVRE, JACKY PEUT TENTER DE REPRENDRE L'AVANTAGE EN FIN DE LIGNE DROITE.

RROAAVROOOA

DANS LES STANDS, DANS LES TRIBUNES, PLUS PERSONNE NE RESPIRE. QUE VA-T-IL APPARAÎTRE LÀ-BAS, DANS QUELQUES INSTANTS, À LA SORTIE DE LA CHICANE FORD ? UN POINT BLANC OU UN POINT BLEU ?

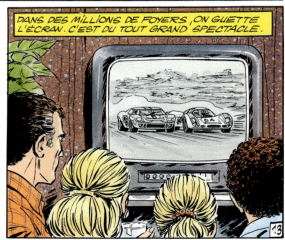

DANS DES MILLIONS DE FOYERS, ON GUETTE L'ÉCRAN. C'EST DU TOUT GRAND SPECTACLE.

23

EN FIN DE LIGNE DROITE, JACKY RÉÉDITE LE COUP DU TOUR PRÉCÉDENT ET...

CETTE FOIS, C'EST LA BONNE !

ET AU BOUT D'UNE COURSE DE 4.998 KILOMÈTRES, ICKX GAGNE LES 24 HEURES DU MANS AVEC 120 MÈTRES D'AVANCE.

LA FOULE EN DÉLIRE ENVAHIT LA PISTE. LE JEUNE RENARD DE 24 ANS A TRIOMPHÉ GRÂCE À SON INTELLIGENCE DE LA COURSE.

DIRE QUE JE SUIS CONTENT D'AVOIR GAGNÉ, C'EST BANAL. POURTANT, JE LE SUIS. UN BELGE A SUCCÉDÉ À UN BELGE, ET AU VOLANT DE LA MÊME VOITURE, SUR LES TABLETTES DU MANS.

EN PIEUX HOMMAGE, JE DÉDIE CETTE VICTOIRE À CELUI QUI FUT MON GRAND AMI, LUCIEN BIANCHI.

JACKY VENAIT DE DÉMONTRER PAR SA MAÎTRISE ET SA SCIENCE DU PILOTAGE, QUE LES DERNIERS PEUVENT TRÈS BIEN SE RETROUVER LES PREMIERS.

14

L'état de grâce

Puisque nous sommes au Mans, abandonnons un instant la Formule 1 où Jacky Ickx figure désormais parmi les meilleurs pilotes mondiaux. Il est devenu le chef de file de la prestigieuse Scuderia Ferrari qui, à cette époque, participe également aux grandes épreuves de sport-prototypes.

Ickx court aussi en F2, pour BMW. «Contrairement à ce qui se passe aujourd'hui, les pilotes pratiquaient toutes les disciplines: F1, F2, tourisme, proto... il fallait être bon en tout et nous courions presque tous les week-ends, bien plus par goût de la compétition que par esprit mercantile. On ne gagnait d'ailleurs que relativement peu d'argent par rapport à ce qu'est devenue la F1 moderne».
Le Mans, cette épreuve dans laquelle les qualités de Jacky Ickx allaient merveilleusement s'exprimer, n'a pas toujours été tendre avec lui. En 1970, il est donc au départ avec une Ferrari 512 S officielle, associé à l'excellent Suisse Peter Schetty. La Ferrari 5 litres n'est pas aussi efficace que sa rivale, la Porsche 917. Ickx et Schetty optent pour une course régulière. La pluie commence à tomber en début de soirée. Au milieu de la nuit, peu avant la mi-course, leur Ferrari se retrouve deuxième, c'est-à-dire avantageusement placée derrière Siffert-Redman, les «lièvres» de Porsche. Victime d'un blocage de roue au freinage de la chicane Ford, Ickx part en tête-à-queue et heurte en marche arrière le talus de sable destiné à retenir la voiture. Mais, durci par la pluie, il fait office de tremplin et en retombant de l'autre côté, la Ferrari écrase un commissaire de piste. Indemne, Jacky est à nouveau confronté au drame de cette insondable fatalité.

"I can't believe it"

Avec la Ferrari 312 PB, le léger sport-proto dérivé de la F1 à moteur 3 litres 12 cylindres à plat, Ickx remporte de nombreux succès et s'aguerrit aux exigences particulières des courses d'endurance, que l'on gagne avec des équipiers et en adoptant la bonne stratégie. En 1975, au Mans, il faut tenir compte de la consommation. Ickx et Bell s'imposent avec la Mirage-Ford engagée par John Wyer. L'année suivante, pour Jacky, c'est la première victoire mancelle avec Porsche, chez qui il allait bientôt se sentir bien et livrer tout le fruit de sa maturité et de son expérience. Puis vient celle de 1977, la plus belle de toutes.
«J'ai pris le départ au volant de la Porsche 936 numéro 3, que je partageais avec Henri Pescarolo. Mais nous avons dû abandonner très rapidement, moteur cassé. La seconde Porsche 936, la numéro 4, avait aussi connu un incident: les mécaniciens ont pu y remédier, mais lorsqu'elle est repartie, en quarante-neuvième position et avec plusieurs tours de retard, toute chance d'un bon classement semblait perdue, surtout face à l'armada des Renault. Inutile de dire que le moral de l'équipe Porsche était au plus bas. Ils m'ont alors fait monter sur la 4, avec Barth et Haywood. Il a plu toute la nuit et j'ai conduit presque tout le temps, à la limite de ce que permettait le règlement. Je me suis livré à fond et j'ai piloté dans un état de grâce divine: cette nuit fut véritablement magique pour moi. L'équipe,

Dans le proto Ferrari 312 PB, à Brands Hatch.

1977: la plus belle victoire au Mans. "Comme la voiture, je n'aurais rien pu donner de plus..."

Jacky Ickx fildefériste: "...pas si difficile que cela".

Excellent cycliste, Jacky ne cache pas sa profonde admiration pour son ami Eddy Merckx.

qui était détruite psychologiquement, a aussi recommencé à y croire, au fur et à mesure de notre remontée au classement. Finalement tout le monde a donné le meilleur de soi-même.

Quand je lui signalais que je restais encore au volant lors d'un ravitaillement, mon ingénieur allemand secouait la tête, complètement médusé, en disant «I can't believe it...» (je ne peux pas le croire). Au lever du jour, j'étais épuisé. Nous étions remontés en deuxième position, exerçant une formidable pression sur la Renault de Jabouille et Bell, qui ne tarda pas à casser. Nous-mêmes avons terminé de justesse, avec un moteur moribond, qui ne tournait plus que sur cinq cylindres. Comme la voiture, je n'aurais rien pu donner de plus, mais ce fut un moment fantastique».

En fait, Jacky Ickx, que l'on jugeait paresseux à l'école, aime l'effort et la difficulté. Il semble même que ce soit cela qui l'ait si longtemps captivé dans le sport automobile, plus que la course elle-même. Une épreuve de vingt-quatre heures, comme Le Mans, est particulièrement dure: il y a excellé. Par plaisir, il a toujours beaucoup pratiqué le vélo, roulant souvent avec un groupe d'amis très entraînés, parmi lesquels

Eddy Merckx, et effectuant régulièrement des randonnées dans les cols alpins et les régions les plus sauvages. Les rallyes-raids lui ont permis d'aller encore plus loin dans la performance physique, jusqu'à choisir finalement de disputer seul le Paris-Dakar, effectuant lui-même les entretiens ou réparations de son Toyota au terme des étapes et réduisant ainsi encore plus son temps de sommeil.

Le funambule

Voici un autre exemple du rayonnement charismatique de Jacky Ickx. Fin 1974, il accepte de prêter son concours à une soirée caritative, qui

À QUOI RECONNAÎT-ON JACKY ICKX LA NUIT?

Pendant les 24 heures du Mans, malgré l'anonymat de la nuit, Pierre Dieudonné reconnaissait Jacky: «Rien qu'au style du pilotage, je pouvais dire si c'était Jacky qui me dépassait, ou l'un de ses équipiers. Il faisait toujours preuve d'une grande prudence, quitte à perdre quelques secondes. Même lorsqu'on lui entrouvrait la trajectoire la plus favorable dans un passage délicat, il préférait attendre un endroit plus propice, ignorant lui aussi qui était au volant de la voiture à dépasser. Il n'empiétait jamais sur une bordure, ne plaçait jamais une roue là où sa voiture serait trop secouée. Il exerçait son art avec une grande douceur, épargnant à sa voiture toute fatigue inutile».

est organisée au vélodrome de Rocourt, près de Liège. Elégamment habillé en veston et cravate, le pilote belge de Formule 1 traverse la largeur du stade en marchant sur un fil tendu à 5 mètres du sol, sans filet, ni aucune protection. «L'année précédente, pour cette oeuvre, j'avais joué au football avec les autres sportifs venus d'horizons divers. Mais le football, ce n'est pas vraiment mon truc. J'ai donc décidé d'apporter ma contribution d'une manière différente et il m'est venu l'idée de ce numéro de funambule. Je suis allé acheter du câble et je l'ai tendu sur des potences, que j'ai fait installer à 2 mètres du sol dans mon jardin. J'ai mis des chaussures adéquates, je me suis procuré un balancier et je me suis entraîné pendant 15 jours. Ce n'est pas si difficile que cela».

Mais profitons de ce retour en arrière pour revenir à la Formule 1. La saison 1970 est déjà bien entamée quand la Ferrari 312 B commence à gagner: ironiquement, Ickx et Regazzoni signent le doublé en Autriche, patrie de Jochen Rindt, qui vole vers le titre mondial au volant de la fine Lotus 72. Lorsque Rindt se tue à Monza, quelques semaines plus tard, trois Grands Prix doivent encore être courus: en gagnant celui du Canada, Jacky Ickx est le der-

nier à pouvoir encore atteindre un total de points supérieur à celui de l'infortuné pilote autrichien et le battre ainsi dans la course au titre mondial. Mais un abandon sur rupture de canalisation d'essence en décidera autrement lors du Grand Prix des USA, ce qui ne laisse aucun regret à un sportif comme Jacky, encore vainqueur au Mexique: Rindt est sacré champion du monde à titre posthume.

l'exploit de Paddock Bend

En 1971 et 72, Ferrari ne parvient pas à concrétiser ses ambitions sur l'ensemble de la saison. Ickx gagne encore 2 Grands Prix, dont le dernier au Nürburgring, son circuit fétiche. En 1973, rien ne va plus chez Ferrari et à mi-saison, c'est le divorce. Jacky passe dans d'autres écuries, dont certaines de premier plan, comme Lotus en 1974 et 75, mais il ne s'y trouve pas au bon moment. Début '74 à Brands Hatch, lors de la Course des Champions, il fait l'extérieur à la Ferrari de Niki

Clay Regazzoni semble rappeler à Jacky son époustouflant dépassement de Niki Lauda, à Paddock Bend, sous la pluie.

La Ferrari 312 B à Jarama, quelques secondes avant le drame (page 30 et suivantes).

Chez Lotus avec Colin Chapman en 1974.

Intérim dans la Ligier, en 1979: la motivation n'est plus là.

Lauda sous la pluie dans Paddock Bend, un délicat virage plongeant. La manoeuvre paraît folle d'audace, mais Jacky sait ce qu'il fait, surprenant ainsi Lauda et remportant la victoire. *«Je fus un des premiers pilotes à remarquer que, sous la pluie, le bord extérieur de la piste offre souvent une meilleure adhérence, là où*

les voitures ne passent pas souvent. J'avais tenté une première manoeuvre de dépassement sur Lauda à cet endroit, mais j'étais arrivé trop court et j'avais dû renoncer au dernier moment. Heureusement, absorbé par son propre pilotage, Lauda ne s'en était pas aperçu, ce qui m'a permis d'encore bénéficier de l'effet de surprise à ma seconde tentative, qui fut la bonne».

Malgré ce coup d'éclat, Jacky Ickx pressent qu'il lui sera difficile de rebondir dans une des meilleures écuries du moment en F1: *«Tu te raccroches à des convictions; tu crois que, par miracle, tu vas te rétablir. Tu acceptes de piloter des voitures moins bonnes et tu es fatalement plus exposé. C'est ce qui m'est finalement arrivé chez Ensign».*

Jacky raconte son terrible accident du Grand Prix des USA '76, à Watkins Glen : *«L'équipe Ensign de Mo Nunn était méritante, mais dépourvue de moyens adéquats. Sur ce circuit, nous n'avions pas les ressorts de suspension qui convenaient, de sorte qu'avec le plein d'essence, la direction de l'Ensign devenait si dure que je ne pouvais plus changer de cap. Et ce qui est arrivé, c'est que dans un virage, je n'ai pas eu la force nécessaire pour effectuer à temps une correction de trajectoire».* L'Ensign heurte les rails de plein fouet et elle est coupée en deux par un piquet; le réservoir d'essence est éventré et la voiture prend feu. Jacky s'en échappe et boîte vers le bord de la piste, avec un pied nu. *«Un de mes bottillons de course est resté coincé dans le pédalier et ses cou-*

tures, qui étaient pourtant d'une solidité extraordinaire, ont littéralement explosé». Les blessures aux pieds sont terribles: plusieurs fractures de chaque cheville, un orteil sectionné, la plupart des ligaments arrachés et des brûlures au troisième degré. Malgré cela, Jacky récupère comme un sportif de haut niveau: trois mois plus tard, il est rétabli. En 1979, il héritera d'une Ligier pour quelques Grands Prix, en remplacement de Patrick Depailler, accidenté en deltaplane. Lors de cet interim, Ickx se rendra compte qu'il n'éprouve plus une motivation suffisante pour rouler en F1.

"la plus grande horreur"

«Sauf au tout début, lorsque je découvrais mes limites personnelles, je suis très peu sorti de la route. Certaines saisons, si j'effectuais un seul tête-à-queue, c'était beaucoup. Par contre, le destin a fait que, contrairement à d'autres qui cassaient régulièrement des voitures, mes accidents ont souvent eu un caractère dramatique. Et plusieurs fois, le feu, qui est le plus terrible de tous les dangers, s'est trouvé au rendez-vous». Comment ne pas

se souvenir de l'épisode de Jarama en 1970 et de cette première confrontation dramatique de Jacky Ickx avec la terreur des flammes?

SAVIEZ-VOUS QUE ...

Tel un cauchemar tenace, le feu poursuit Jacky Ickx. Jarama, Daytona, Watkins Glen, Rallye des Pharaons... Cet acharnement relève du mystère. Jacky m'a confié: «Le feu, c'est la plus grande horreur. La pire des choses qui puisse arriver. Or, dans pratiquement tous mes accidents, le feu était là. Depuis le début. C'est assez étonnant...».

Etonnant? En effet. Pour réaliser la bande dessinée qui suit, nous avons voulu retrouver les photos originales du drame de Jarama. En vain: les diapositives n'existent plus. Elles ont péri, il y a quelques années, en Espagne... dans un incendie!

Jacky Ickx, François Cevert, Jackie Stewart et Ronnie Peterson en 1973; une époque où la course était particulièrement dangereuse. Ickx et Stewart ont pu s'arrêter à temps, en pleine gloire.

ACTUALIDAD
EXCLUSIVA MUNDIAL EN COLOR
LAS FOTOS INCREIBLES DEL JARAMA
ASI NACIO EL ARTE DE PICASSO
UNA JOYA PARA BARCELONA

29

LES PORTES DE L'ENFER

MADRID, 1970 - CIRCUIT DE JARAMA. LE DÉPART VIENT D'ÊTRE DONNÉ ET STEWART PREND L'AVANTAGE SUR HULME ET BRABHAM.

RRUOOAAVROOAAR

DERRIÈRE EUX, ICKX, SUR LES TALONS DE RODRÍGUEZ VA PLONGER DE L'EXTÉRIEUR VERS LA CORDE...

VROOAAOOAAW

IL NE SAIT PAS QUE DERRIÈRE LUI, JACKIE OLIVER, SON COÉQUIPIER DES "24 HEURES DU MANS" DE L'ANNÉE PRÉCÉDENTE, VIENT DE CASSER UN PORTE-FUSÉE, COMME AUX ESSAIS.

VFOOAAA

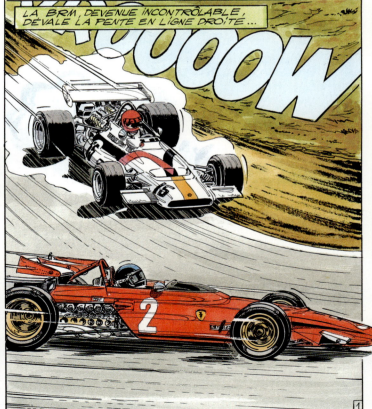

LA BRM, DEVENUE INCONTRÔLABLE, DÉVALE LA PENTE EN LIGNE DROITE...

UUOOOW

ET C'EST LE CHOC ! JACKY N'A RIEN VU VENIR. PERCUTÉE DE PLEIN FOUET, LA COQUE DE LA FERRARI B '\ SE DÉFORME. SON RÉSERVOIR EXPLOSE, LIBÉRANT SON PLEIN D'ESSENCE...

... QUI S'EMBRASE AUSSITÔT !

LE CHOC FUT VIOLENT ! JACKY A SUBI UNE SÉVÈRE PERCUSSION DES ORGANES INTERNES. SA RESPIRATION EST COUPÉE.

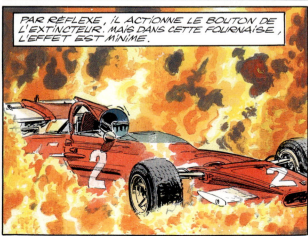

PAR RÉFLEXE, IL ACTIONNE LE BOUTON DE L'EXTINCTEUR. MAIS DANS CETTE FOURNAISE, L'EFFET EST MINIME.

ALORS JACKY TENTE DE SE LIBÉRER DE SON HARNAIS ...

CETTE MANOEUVRE N'EST DÉJÀ PAS AISÉE DANS UNE MONOPLACE INTACTE, MAIS DANS LA COQUE DÉFONCÉE DE LA F.1, JACKY NE PEUT SE SERVIR QUE D'UNE MAIN.

EN VAIN ! L'INCENDIE FAIT RAGE ET LE PILOTE RESTE PRISONNIER DU HARNAIS POURTANT CONÇU POUR LUI SAUVER LA VIE.

PLUSIEURS SECONDES SE SONT DÉJÀ ÉCOULÉES LORSQUE LES FLAMMES ATTEIGNENT JACKY. LA DOULEUR LE FAIT REDOUBLER D'EFFORTS... TOUJOURS EN VAIN.

COMBIEN DE TEMPS CE CALVAIRE DURE-T-IL ? JACKY EN PERD LA NOTION. DANS LA FUMÉE NOIRE ET LE GRONDEMENT DU FEU, IL S'ÉPUISE RAPIDEMENT.

L'ASPHYXIE FAIT SON EFFET. UN VOILE NOIR VIENT DE TOMBER. JACKY COMPREND...

LES FLAMMES ATTEIGNENT SON CASQUE. LA PEINTURE SE BOURSOUFLE ET LA VISIÈRE COMMENCE À FONDRE.

C'EST LA FIN. J'ABANDONNE.

COMME UN ANIMAL, IL ATTEND LA MORT. JACKY ICKX A CESSÉ DE LUTTER.

MAIS PAS SON CORPS ! EST-CE L'INSTINCT QUI COMMANDE ENCORE SES DOIGTS ?

3

32

INSTINCT DE SURVIE OU MIRACLE? INCONSCIEMMENT, IL RÉUSSIT CE QU'IL A TENTÉ UNE VINGTAINE DE FOIS.

JACKY BONDIT!

IL EST EN FLAMMES. TITUBANT, AVEUGLE, IL NE PEUT S'ORIENTER...

...ET C'EST LA CHUTE DANS L'ESSENCE ENFLAMMÉE.

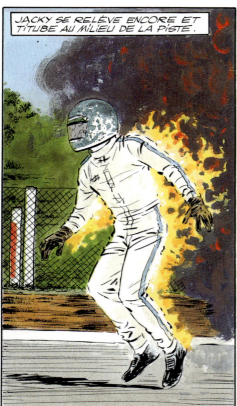

JACKY SE RELÈVE ENCORE ET TITUBE AU MILIEU DE LA PISTE.

OR, LA COURSE CONTINUE! A TOUT INSTANT UN BOLIDE PEUT LE FAUCHER.

MAIS JACKY NE PENSE QU'AUX FLAMMES QUI LE MORDENT DE PLUS EN PLUS DOULOUREUSEMENT.

33

DES VOIX L'APPELLENT. DANS LE NOIR COMPLET, IL EFFECTUE UN QUART DE TOUR...

ET...

DAZA, UN GARDE-CIVIL ESPAGNOL, SE JETTE SUR LUI ET CHERCHE A' ÉTEINDRE LE FEU AVEC SES MAINS. IL SE BRÛLE GRIÈVEMENT.

JACKY N'EST PAS AU BOUT DE SON CALVAIRE. LE CHOC DU JET DE LANCE A' INCENDIE LE RETOURNE VIOLEMMENT.

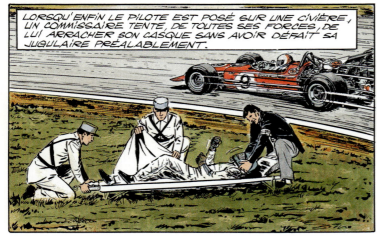

LORSQU'ENFIN LE PILOTE EST POSÉ SUR UNE CIVIÈRE, UN COMMISSAIRE TENTE, DE TOUTES SES FORCES, DE LUI ARRACHER SON CASQUE SANS AVOIR DÉFAIT SA JUGULAIRE PRÉALABLEMENT.

AU BORD DE L'ÉTRANGLEMENT, JACKY PARVIENT A' LUI INDIQUER LA SANGLE A' DÉFAIRE...

ALORS, IL VOIT! LES GANTS ONT FONDU DANS LES CHAIRS DE SES MAINS.

SUR TOUT LE CORPS, À PLUS DE VINGT ENDROITS, SES BRÛLURES ATTEIGNENT LE DEUXIÈME DEGRÉ!

MON DIEU... COMBIEN VAIS-JE METTRE DE TEMPS À GUÉRIR?

ET, DANS CETTE SOUFFRANCE, JACKY, POUR LA PREMIÈRE FOIS, ENVISAGE D'ABANDONNER LA COMPÉTITION.

MAIS CHEZ LES GRANDS CHAMPIONS, LES ÉTATS D'ÂME SONT DE COURTE DURÉE. AUSSI, VINGT MINUTES PLUS TARD...

IL FAUT QUE JE GUÉRISSE LE PLUS VITE POSSIBLE.

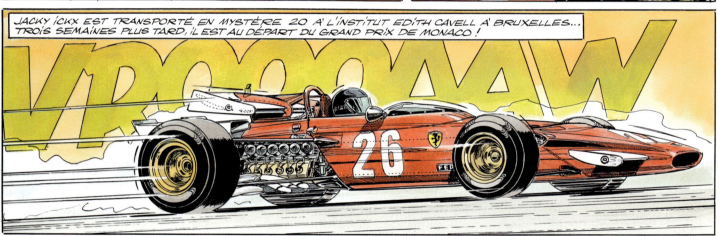

JACKY ICKX EST TRANSPORTÉ EN MYSTÈRE 20 À L'INSTITUT EDITH CAVELL À BRUXELLES... TROIS SEMAINES PLUS TARD, IL EST AU DÉPART DU GRAND PRIX DE MONACO!

MAIS JACKY N'OUBLIERA JAMAIS CETTE RENCONTRE AVEC SON PLUS VIEUX CAUCHEMAR, SON ENNEMI DE TOUJOURS: LE FEU!

6

L'épreuve

Il y a eu, au moins, trois grandes périodes dans la longue carrière sportive de Jacky Ickx: celle de la Formule 1, puis des courses d'endurance et, enfin, les rallyes-raids. En fait, ce sont presque trois carrières différentes qui se sont enchaînées.

« *Chaque fois, j'ai retrouvé ma motivation en changeant de catégorie».* Après la F1, il a eu la période Porsche, qui aurait pu s'achever à la fin des années '70. Mais l'avènement du règlement technique Groupe C pour les courses d'endurance, en vue duquel le constructeur allemand prépare le modèle 956, fait revenir Jacky Ickx sur son intention d'arrêter la compétition. Il remporte sa sixième victoire au Mans en 1982 (battant ainsi le record d'Olivier Gendebien, qu'il avait égalé l'année précédente) et obtient deux titres de Champion du Monde des Pilotes d'Endurance (1982 et '83).

Directeur de course du Grand Prix de Monaco en 1984, Jacky Ickx sort le drapeau rouge (arrêt de l'épreuve) avant la mi-distance, au moment où la pluie redouble d'intensité. Cette décision instantanée, prise à un moment où la sécurité paraissait très compromise par l'averse, ne fait pas l'affaire de deux jeunes loups, Ayrton Senna et Stefan Bellof, qui profitaient des conditions diaboliques pour fondre sur la Mc Laren d'Alain Prost, en tête de l'épreuve. *«Pourtant, quelques années plus tard, Senna est venu me dire que j'avais eu raison».* Bellof, lui, n'en aura pas l'occasion. En septembre de l'année suivante, il retrouve Ickx au volant d'une Porsche 962 officielle, une voiture identique à celle qu'il pilote lui-même pour l'écurie semi-privée de Walter Brun, lors des Mille Kilomètres de Spa. Près d'une géné-

Directeur de course à Monaco.

L'accident à Spa, en 1985.

ration les sépare; Ickx est sur son circuit, devant son public; Bellof a un brillant avenir devant lui et il sait que la fin de carrière approche pour Ickx.

le drame de l'Eau Rouge

Depuis plusieurs tours, les deux Porsche sont roues dans roues, Ickx devant Bellof. Que se passe-t-il alors dans la tête du jeune et audacieux Allemand? Par péché d'orgueil, décide-t-il de tenter un dépassement sur Jacky devant

du désert

tout le monde, face aux stands et aux tribunes? Toujours est-il qu'il porte soudainement une attaque à un endroit où on ne dépasse pas, du moins pas un adversaire qui roule à la même cadence: sur le pont de l'Eau Rouge, au pied du Raidillon. Ickx s'y attend d'autant moins que *«nous nous suivions en faisant attention à notre consommation».* En toute logique, il ne voit pas l'Allemand amorcer cette manoeuvre-éclair, dont la Porsche est dans son angle mort trois-quarts arrière. Les deux voitures se touchent et partent immédiatement en tête-à-queue à cet endroit très rapide. Celle de Bellof tape de l'avant; Ickx heurte les rails un peu plus haut et en marche arrière. Seul le sort en a décidé ainsi. Jacky sort de sa voiture avec le cou endolori. Pour l'infortuné Bellof, il n'y a plus rien à faire.

Ickx se détourne d'autant plus facilement des courses en circuit après cet accident, qu'il s'est découvert une nouvelle passion: les rallyes-raids. L'immensité du désert le fascine, là où l'homme se contente de rien. Avec Citroën et Claude Brasseur, son premier Paris-Dakar

apparaît comme une simple expérience. Mais le champion de la vitesse se pique à ce nouveau défi et il s'éprend de l'Afrique. En 1983, il gagne le Dakar sur Mercedes. Puis il entraîne Porsche dans l'aventure, montant lui-même

Ci-dessus: la Citroën ZX de Ickx et Tarin au Rallye des Pharaons.

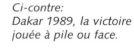

Ci-contre: Dakar 1989, la victoire jouée à pile ou face.

Ci-dessous: deux Porsche 959 dans le désert, en 1986.

JACKY ICKX ET MAZDASPEED

Tout comme Jacky Ickx, le constructeur automobile japonais Mazda est lié aux 24 Heures du Mans par une longue histoire d'amour. Aussi ses dirigeants firent-ils appel à l'expérience du champion belge lorsque celui-ci arrêta de courir en sport-prototypes. Qui pouvait être de meilleur conseil lorsqu'on espère gagner cette célèbre épreuve? Elèves appliqués, les techniciens de l'équipe nippone firent ce qu'il fallait: en 1991, Mazda, avec son original moteur quadrirotor, devenait le premier constructeur japonais vainqueur au Mans.

Les jeunes pilotes Volker Weidler, Johnny Herbert et Bertrand Gachot avaient, eux aussi, suivi la leçon de maître Ickx!

Quelques instants de rallyes-raids.

l'équipe. Jean Todt l'incorpore dans l'aventure Peugeot, avec son nouvel équipier, Christian Tarin. Ce sympathique pilote d'avion privé est un excellent navigateur et, de plus, athlétique et débrouillard. Au fil des aventures ainsi partagées, il devient vite un ami cher à Jacky.

un puits dans l'Aïr

En 1989, au Dakar, la bataille fait rage entre les deux Peugeot pilotées par Vatanen et Ickx, en tête de la course. «*Dans l'étape menant à Gao, Vatanen avait fait un tonneau, mais nous l'ignorions. Nous-mêmes avions bien failli en faire un par l'avant, à une centaine de kilomètres de l'arrivée, et, naturellement, nous l'avons dit à Jean Todt, au terme de l'étape. C'est à ce moment-là, pour ne pas compromettre une victoire certaine de Peugeot, que la décision a été prise de geler les positions entre nous. Je ne sais plus qui a eu l'idée de jouer la première place à pile ou face, mais nous étions tous d'accord. Jean Todt a sorti une pièce de monnaie de sa poche, il l'a lancée en l'air et elle est retombée du mauvais côté pour nous. Christian Tarin en a été terriblement déçu. En guise de compensation, j'ai demandé à Jean Todt que Peugeot finance l'installation d'un puits dans l'Aïr, cette zone la plus désertique du Niger, près du Ténéré. Ce qui fut fait*».
Fin 1990, lorsque Peugeot entame son programme en vue du Mans et du championnat du monde pour voitures de sport, l'engagement en rallyes-raids est repris par Citroën, au sein du

Jacky est anéanti. Quelques semaines plus tard, je le retrouve au Japon. Sa tristesse est infinie. Il n'y a plus qu'une immense détresse dans ses yeux qui, souvent et pour longtemps encore, se brouillent de larmes. Le temps fera lentement son oeuvre de reconstruction: la vie finit toujours par recouver ses droits chez ceux qui restent. Mais ce traumatisme incite Jacky Ickx à prendre une autre décision, qui revêt la forme d'un nouveau défi insolite: s'il court, ce sera seul.

A gauche: avec Christian Tarin, en 1991.

Ci-dessous: le "Dakar" 1995, en solitaire.

même groupe automobile. Mais, au Rallye des Pharaons 1991, c'est le drame pour l'équipage Ickx-Tarin. Un vol plané se termine en tonneaux, la voiture s'immobilise à l'envers et prend feu. Ickx se dégage de son harnais et il parvient assez rapidement à s'échapper par l'ouverture du pare-brise. Il s'attend à voir apparaître Christian par la même issue: ils se sont parlés. Mais comme Ickx à Jarama, son équipier et ami est aux prises avec la boucle de son harnais. Le brasier est tel qu'il n'est plus question de s'en approcher. Todt et l'organisateur, qui ont vu la scène d'en haut, ont le temps de poser leur hélicoptère et d'en descendre, impuissants face au feu. Les secondes passent, interminablement. Tout espoir semble perdu, lorsque Tarin surgit enfin de la mer de flammes: il croit qu'il a réussi, il dit quelques mots. Hélas, ce seront ses derniers.

seul

C'est ainsi qu'en 1995, il force une nouvelle fois le respect et l'admiration de tous, ralliant seul Dakar au volant d'un Toyota Landcruiser, dans le plus pur esprit amateur. Selon lui, c'est un des accomplissements les plus méritoires de toute sa carrière.

Si Jacky Ickx, champion hors normes, est en même temps devenu une personnalité aussi fascinante, il le doit encore bien plus à la force de ses exploits qu'à ses victoires; ainsi qu'à cette dimension humaine, pleine de bon sens et de dignité, qui a toujours guidé ses choix.

Louanges et pla

Michel Vaillant a recueilli l'avis de quelques professionnels du monde de la course. Parce que tous sont des spécialistes, ces déclarations exclusives constituent des pièces capitales de ce dossier.

CLAUDE BRASSEUR
coéquipier de Jacky Ickx aux "Dakar" de 1981 à 86

Jacky est un "taiseux", comme l'on dit en Belgique. Son caractère semble difficile à cerner. Ce n'est que lorsqu'il pilote que s'exprime sa véritable personnalité. Le courage, la générosité, le talent apparaissent alors. Je me souviens de passages difficiles du "Dakar"; là où tous les autres passaient en catastrophe, la virtuosité de Jacky laissait bouche bée les journalistes. Jacky ne conduit pas seulement vite, son pilotage relève de l'art. Et, comme les plus grands artistes, sa personnalité ne s'exprime pleinement que dans son art.

PHILIPPE SIFFERT
Pilote suisse

Ickx est l'un des derniers "gentleman driver", race à

laquelle appartenait mon père. Des passionnés qui couraient par passion, avec panache, sans se soucier d'argent. Leur motivation était pure. Les temps ont bien changé, mais Ickx a gardé cet éclat. En Suisse, il est toujours aussi admiré!

JOCHEN MASS
Pilote de F1 et d'Endurance

Jacky Ickx a toujours été pour moi l'une des personnalités les plus marquantes du monde de la course. Il est et fut toujours un gentleman et, en raison de ce comportement, le meilleur ambassadeur de notre sport.

JEAN BEURLYS
Pilote belge, parent de Jacky

Jacky possédait deux atouts majeurs. D'abord, une remarquable faculté d'adaptation

THIERRY TASSIN
Champion de Belgique Procar

Dès mes neuf ans, je suivais à la télé les exploits de Jacky Ickx en Formule 1. Puis, je retrouvais mon héros favori dans les albums de Michel Vaillant. Il était celui auquel tous les pilotes de ma génération voulurent ressembler. Et grâce à cela, sans le savoir, Jacky fut une formidable locomotive pour toute une génération de champions.

qui lui permettait de sauter du trial au motocross, de briller en Formule 1 comme au Paris-Dakar. Ensuite, il était perfectionniste. Il ne laissait rien au hasard. C'est sans doute l'explication de son succès.

ALAIN DEX
Champion de Belgique Tourisme

Jacky est un équilibriste. Imbattable sous la pluie. Ce sens exceptionnel de l'équilibre, il le doit à la moto. Si Jackie Stewart fut plus célèbre, c'est parce qu'il soignait beaucoup sa promotion. Ce qui n'était pas dans la caractère de Jacky.

PAUL FRÈRE
Journaliste et pilote

Jacky est un des très rares pilotes de l'époque moderne qui ait atteint la Formule 1 uniquement en vertu de son talent et qui y ait brillé avec éclat, puisqu'il devint Vice-Champion du Monde. Qu'il ait eu le courage et l'intelligence de s'arrêter en pleine gloire n'est pas le moindre des mérites de ce gentleman du volant.

JEAN-PIERRE BELTOISE
Pilote de F1 et d'Endurance

Seule une petite poignée de gars a vraiment marqué le sport automobile. Ickx est l'un d'eux. J'arrivais de la compétition moto quand j'ai effectué avec lui mes premiers essais en monoplace. Jamais je n'oublierai l'impression qu'il me fit

le premier jour: à chaque tour, il améliorait ses chronos, m'obligeant à me sortir les tripes pour ne pas perdre pied.

THIERRY BOUTSEN
Pilote de F1 et d'Endurance

C'est un homme de grand talent, que j'ai toujours admiré. Il m'a donné dans ma jeunesse le goût et le virus du sport auto (en plus de Michel Vaillant, bien sûr!) et a été pour moi un exemple que j'ai tenté de suivre, sans arriver à la cheville de son palmarès. Son talent sous la pluie m'a toujours impressionné et beaucoup inspiré.

DEREK BELL
Quintuple vainqueur au Mans

J'ai eu beaucoup de chance d'être le coéquipier de Jacky dans beaucoup de courses. Il était le professionnel absolu. Il sortait toujours le meilleur d'une voiture sans jamais forcer la mécanique; lorsque je prenais un relais après lui, je savais qu'il me rendait la voiture dans l'état dans lequel je lui avais confiée. J'ai souvent dit que Jacky était le meilleur des coéquipiers que j'ai eus.

PIERRE VAN VLIET
Journaliste

Adolescent, j'admirais le champion auquel toute ma génération s'identifiait. Par la suite, j'ai découvert une seigneur de la course et un homme très attachant; un authentique personnage de "Michel Vaillant"!

FRANCO LINI
Journaliste et directeur sportif de Ferrari

Ickx se distingue avant tout par sa droiture morale. Après le Grand Prix de Watkins Glen en 1970, où il perdit le championnat du monde, il me confia qu'il préférait qu'il en fût ainsi, car il n'aurait pas aimé gagner contre un pilote disparu. Ce n'est qu'un seul exemple.
Sur le plan du talent, Ickx est un vrai pilote. Non pas le spécialiste d'une discipline, mais un pilote éclectique qui relevait le challenge quelles que soient les voitures et les conditions.

ANDRÉ WELCKER
Préparateur

Un don extraordinaire. Et une surprenante intelligence de la voiture, de la technique, de chaque chose nécessaire pour gagner.

GÉRARD LARROUSSE
Double vainqueur au Mans

D'un éclectisme exemplaire, Jacky aura su faire la preuve tout au long de sa carrière qu'un grand champion peut gagner dans toutes les disciplines. Il a accompli son parcours de pilote professionnel

en parfait gentleman, ce qui est beaucoup plus rare.

GILBERT STAEPELAERE
Champion belge de Rallye

Pour moi, Jacky restera le pilote le plus complet au monde.

HENRI PESCAROLO
Triple vainqueur au Mans

Jacky a toujours été assez froid et distant. Pourtant, une fois cette barrière franchie, on découvre un personnage particulièrement attachant. Pilote hors-normes, très polyvalent, intelligent, il est capable de bien conduire n'importe quelle voiture dans toutes les conditions, surtout les plus difficiles.

STEVE WARSON
Pilote de mauvaise foi

J'adore Jacky, c'est vraiment un chouette copain. Mais franchement, je ne comprends pas ce que les nanas lui trouvent. Il est plutôt petit et, de toutes façons, il est marié. S'il roule plus vite que moi, c'est parce qu'il est plus léger, c'est tout. Savoir piloter sous la pluie, c'est facile quand on vit en Belgique. Et suivre Eddy Merckx à vélo, ou marcher sur un fil, c'est à la portée de n'importe qui. Non, vraiment, pas de quoi être jaloux.

Pour ce dossier, Jacky a sélectionné les machines qui ont le plus compté pour lui. Celles qu'il préfère, parce qu'elles ont marqué sa carrière ou, plus simplement, parce qu'elles lui rappellent des souvenirs émus. Toutes n'y sont pas, et le choix fut difficile pour regrouper, sur trois pages seulement, ces jouets fantastiques qui nous ferons toujours rêver.

SUZUKI 50

Jacky l'a répété maintes fois : «*Je ne suis pas un maniaque de la voiture. Par contre, la moto m'a toujours passionné*». Difficile à croire ? Pas tant que ça, si l'on se souvient qu'à dix-sept ans, le jeune Jacky envisageait de consacrer sa carrière aux deux roues exclusivement . Carrière qu'il avait d'ailleurs entamée comme trialiste. Il avait aussi fait de l'enduro et s'était même illustré en vitesse pure, lors d'épreuves en circuit. C'est précisément la vitesse pure qui aurait pu le propulser au niveau international. En effet, l'usine Suzuki lui proposa d'essayer cette petite puce. Une machine incroyable: munie d'une boîte à neuf rapports et d'un moteur 2 temps, elle atteignait 16.000 tours/minute! Il était question de la confier à Jacky dans les épreuves du Championnat du Monde. Mais le champion en herbe n'obtint pas sa licence internationale, car il n'avait pas dix-huit ans!
MOTEUR: monocylindre 2 temps
CYLINDRÉE: 49 cc
VITESSE MAXI: plus de 155 km/h

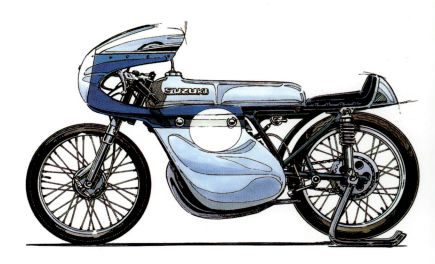

BMW 700 S

Adieu la moto, place à l'auto. Jacky commença par conduire de modestes voitures, comme l'Hillman Imp. Et surtout cette minuscule BMW mise à sa disposition en 1963 par l'importateur belge Albert Moorkens. Avec cette "machine à coudre", Jacky s'est essentiellement distingué en course de côte. Ses débuts dans cette spécialité furent d'ailleurs remarqués, sinon remarquables, puisqu'à La Roche il partira en tonneau... devant les caméras de la télévision! Jacky se souvient: «*C'était la voiture d'écolage idéale, celles des jeunes qui voulaient faire de la course, comme plus tard la Mini. On pouvait la préparer soi-même. Nous passions nos soirées au garage Lebon, polissant les admissions, réglant les carbus et, vers minuit, on faisait des essais sur la route de Genval, dans la banlieue bruxelloise.*»
MOTEUR: boxer bicylindre 697 cc
PUISSANCE: 50 chevaux
VITESSE MAXI: plus de 140 km/h

MATRA MS7

Engagée par Ken Tyrrell, cette frêle Formule 2 fut pour Jacky l'arme de la consécration. Avec elle, il enleva en 1967 le tout premier Championnat d'Europe de F2. Sa plus belle performance : le GP d'Allemagne la même année quand, sur le Nürburgring, il réussira le troisième temps des essais devant une meute de F1 ! Animée d'un moteur Cosworth, la Matra MS7 avait un châssis-coque dont les tôles d'acier et d'alliage étaient tenues par trois mille rivets. Bien dessinée, très homogène, elle connaîtra une longévité exceptionnelle. C'est ainsi qu'au volant du même modèle, Beltoise et Servoz-Gavin gagneront le titre en Formule 2 les deux années suivantes. Jacky le reconnaît: «*C'est la voiture qui marque le tournant principal de ma carrière* (voir pages 6 et 7). *Un tournant aussi en compétition automobile, car c'est l'arrivée des techniques d'aéronautique.*

Cette Matra est le point de départ de l'évolution qui fera que, cinq ans plus tard, toutes les voitures seront des monocoques.»
MOTEUR: Ford 4 cylindres 1.600 cc
PUISSANCE: 235 chevaux
VITESSE MAXI: plus de 230 km/h

(Les vitesses maximales sont indiquées à titre d'exemple, car elles varient selon les circuits et les réglages de la voiture).

FORD GT40

Pendant cinq ans, pilotée par les plus grands, elle accumulera les succès. Jacky avait pour cette "grand-mère" une affection particulière. Avec elle, il vivra un final d'anthologie aux 24 Heures du Mans 1969. Durant cent quatre-vingts très longues minutes, le Belge luttera au coude à coude avec Hans Herrmann. Disposant d'une Porsche 908 nettement plus moderne, l'Allemand semblait avantagé. N'empêche, Jacky triomphera avec 120 mètres d'avance: le plus petit écart de toute l'histoire des 24 Heures! La GT40 pouvait maintenant prendre une retraite bien méritée...
MOTEUR: Ford V8 5.000 cc
PUISSANCE: 420 chevaux
VITESSE MAXI: plus de 300 km/h

GULF MIRAGE

Le célèbre team manager John Wyer se brouille un moment avec l'usine Ford. Il décide alors de construire sa propre voiture au départ d'une Ford GT40, remodelée en soufflerie pour améliorer son aérodynamisme. Alignée elle aussi dans les épreuves d'endurance, la Mirage recevra plusieurs motorisations, du douze cylindres BRM au V8 Holman & Moody. Avec elle, Ickx s'imposera à cinq reprises. Une mention particulière pour l'une de ces victoires: les 1.000 Km de Spa 1967 que Jacky dominera sous la pluie avec une aisance stupéfiante.
MOTEUR: entre 3.000 et 5.700 cc selon version
PUISSANCE: entre 400 et 450 chevaux
VITESSE MAXI: environ 300 km/h

VAILLANTE F1

Mais oui, Ickx a roulé pour le constructeur français... mais sur le papier seulement. Avec deux victoires à la clef: au Grand Prix de France, puis en Italie sur le circuit de Monza. La famille Vaillant garde un excellent souvenir du pilote belge. Jacky, il est vrai, s'était adapté immédiatement au comportement de sa monoplace : une voiture qui, à l'époque, était à la pointe de la technique. Son aileron, par exemple, se divisait en deux stabilisateurs à inclinaison variable. Les échappements étaient de type "spaghetti" et des moustaches avaient fait leur apparition de part et d'autre du capot avant. Encore un détail qui devrait intéresser les fans de Jacky: c'est le team Vaillante qui lui a fourni son tout premier casque intégral.
MOTEUR: Vaillante V12 3.000 cc
PUISSANCE: 455 chevaux
VITESSE MAXI: plus de 300 km/h (sur papier sec)

FERRARI 312 B2

Apparu en 1970, la 312 B marquera le grand retour de l'écurie Ferrari en F1 après plusieurs années de galère. Avec cette monoplace toute en finesse, Jacky gagnera six fois et sera vice-Champion du Monde en 1970. Il trouvait cette voiture très efficace, non sans une légitime fierté pour avoir beaucoup travaillé à son développement. La version présentée porte le code "B2". C'est avec elle que Jacky signera sa dernière victoire en Grand Prix, en 1972 au Nürburgring.
MOTEUR: 12 cylindres à plat 3.000 cc
PUISSANCE: 450 chevaux
VITESSE MAXI: plus de 280 km/h

FERRARI 312 PB

Après avoir accumulé les déceptions avec ses gros prototypes "512" à carrosserie fermée, la Scuderia Ferrari construit à partir de 1971 de superbes barquettes: les 312 P. Dès 1972, elles sont impériales. Généralement associé à Mario Andretti, Jacky enlève six victoires. Il en épingle deux supplémentaires l'année suivante. Malheureusement, les 24 Heures du Mans manquent au palmarès de ces petits spiders. Certes, en 1973, il s'en faut de peu mais la mécanique va casser et les Matra rafleront la mise. «La meilleure réalisation de Forghieri dans ce domaine», d'après Jacky.
MOTEUR: 12 cylindres à plat 3.000 cc
PUISSANCE: 400 chevaux
VITESSE MAXI: plus de 300 km/h

PORSCHE 936

Une perle stuttgartoise. Dévoilée en 1976, la Porsche 936 est bien sûr destinée aux endurances en circuit. Elle connaît immédiatement la victoire. Nouvelle recrue de la marque allemande, Ickx en est très vite l'un des piliers. Bientôt on ne compte plus ses succès. Mais quand on lui demande quel est son meilleur souvenir avec la 936, il répond invariablement: le Mans 1977. Explication: classé quarante-et-unième après bien des ennuis techniques, Jacky entame avec ses équipiers (Barth et Haywood) une remontée dantesque. Moyenne record, double et triple relais, ravitaillements express, tout sera mis en oeuvre pour faire de cette course-poursuite un véritable exploit. Exploit fêté au champagne sur la plus haute marche du podium! Une extraordinaire leçon de détermination.
MOTEUR: 6 cylindres à plat 2142 cc turbocompressé
PUISSANCE: 520 chevaux
VITESSE: plus de 330 km/h

PORSCHE "MOBY DICK"

Une grosse baleine blanche, d'où son surnom. Cette monstrueuse Porsche de 1978 est une évolution de la 935. Elle est officiellement dérivée de la 911. Pourtant, il ne demeure comme pièces d'origine que le commutateur d'essuie-glace et les clignotants! Tout le reste est "kolossal": le capot avant élargi à l'extrême, la queue arrière dépassant de 55 cm, les feux stop, sans oublier le tableau de bord sur lequel sont rassemblés pas moins de treize cadrans. Rêve ou un cauchemar? Jacky connaît la réponse: «Avec cette voiture, Jochen Mass et moi ne connaissions aucune opposition. Nous gagnions toutes les courses. C'est la période la plus confortable de ma carrière».
MOTEUR: 6 cylindres à plat, 4 soupapes par cylindre, culasses refroidies par eau, double turbo
PUISSANCE: environ 800 chevaux (pour un poids total de 1.000 kilos)
VITESSE MAXI: plus de 350 km/h

LOLA-CHAPARRAL T/333 CS

Comme en témoigne le cockpit en position centrale, il s'agit d'une monoplace carrossée. En l'occurrence une Formule 5.000 revue et corrigée par l'ingénieur Jim Hall. Propriété du richissime Carl Haas, cette auto roula exclusivement en Amérique du Nord. Avec elle, Jacky dominera la Série Can-Am en 1979. Il avait pour principaux adversaires Keke Rosberg, Bobby Rahal, Geoff Lees, Vern Schuppan. Avec une telle affiche, on comprend combien les courses étaient disputées! «Merveilleuse expérience, se souvient Jacky, avec Carl Haas qui maintenant s'est associé à Paul Newman».
MOTEUR: V8 Chevrolet 5.000 cc
PUISSANCE: 550 chevaux
VITESSE MAXI: plus de 300 km/h

TOYOTA LAND CRUISER

Jacky sera à la fois pilote, navigateur et mécanicien de ce véhicule qu'il engage dans le Dakar 1995. Jacky suit la construction de sa voiture et reçoit une formation technique très poussée. Preuve d'une belle jeunesse d'esprit , d'autant plus remarquable qu'il a, jusqu'alors, disputé le Dakar dans l'encadrement très structuré des teams d'usine. Pourtant, même seul, Jacky sera égal à sa réputation: rapide et déterminé. Son Toyota terminera premier diesel de la catégorie Marathon et dix-septième au classement général. Jacky nous en parle: «Indestructible. Un char d'assaut. Il n'est pas envisageable de faire une course seul sans une voiture de cette qualité-là. Du point de vue humain, c'est la course la plus enrichissante de ma carrière».
MOTEUR: Six cylindres 4.200 cc Turbo Diesel
PUISSANCE: 225 chevaux
VITESSE MAXI: plus de 190 km/h

Palmarès

TOUTES LES VICTOIRES DE JACKY ICKX

63

TRIAL	
Champion de Belgique 50cc	Zundapp

64

TOURISME		COURSES DE CÔTE	
1ère Coupe de Belgique (Zolder)	Cortina Lotus	9è CC de Namur	BMW 700
			Cortina Lotus

65

TOURISME		COURSES DE CÔTE	
2e Coupes de Belgique (Zolder)	Ford Mustang	2e CC de Spa	Cortina Lotus
3e Coupes de Terlaemen (Zolder)	Ford Mustang	9e CC de Houyet	Cortina Lotus
6e Coupes Benelux (Zandvoort)	Ford Mustang	10e CC de Namur	Cortina Lotus
1ère Coupe de l'Avenir	Cortina Lotus		

TRIAL	
Champion de Belgique 50cc	Zundapp

66

TOURISME	
3e Coupes de Belgique	Ford Mustang
Coupes de Spa	Ford Mustang
18e 24 heures de Spa	BMW 2000Ti

COURSES DE CÔTE	
CC des Fagnes	Ford Cortina

67

ENDURANCE	
1000 km de Spa	Mirage GT40 (Thompson)
Karlskoga	Mirage
1000 km de Paris	Mirage-Ford (Hawkins)
9 heures de Kyalami	Mirage (Redman)

FORMULE 2	
Crystal Palace	Matra-Ford
Zandvoort Trophy	Matra-Ford
Grand Prix de Rome	Matra-Ford

68

FORMULE 1		ENDURANCE	
Grand Prix de France	Ferrari	6 Heures de Brands Hatch	Ford GT40 (Redman)
		1000 km de Spa	Ford GT40 (Redman)
TOURISME		6 Heures de Watkins Glen	Ford GT40 (Bianchi)
Coupes de Spa	Ford Mustang	9 Heures de Kyalami	Mirage-ford (Hobbs)

69

FORMULE 1		FORMULE 2	
Grand Prix d'Allemagne	Brabham BT 26	Grand Prix de la Méditerranée	De Tomaso
Coupe d'Or à Oulton Park (hors chpt)	Brabham BT 26		
Grand Prix du Canada	Brabham BT 26	ENDURANCE	
		12 Heures de Sebring	Ford GT40 (Oliver)
TOURISME		24 Heures du Mans	Ford GT40 (Oliver)
Coupes de Spa	Ford Falcon	500 km d'Imola	Mirage-ford

70

FORMULE 1		FORMULE 2	
Grand Prix d'Autriche	Ferrari 312/B	Grand Prix de Salzbourg	BMW/70
Grand Prix du Canada	Ferrari 312/B	Tülln-Laugenlebann	BMW/70
Grand Prix du Mexique	Ferrari 312/B		
		ENDURANCE	
		9 heures de Kyalami	Ferrari 512 M (Giunti)

71

FORMULE 1	
Mémorial Jochen Rindt (hors chpt)	Ferrari 312/B
Grand Prix de Hollande	Ferrari 312/B2

72

FORMULE 1	
Grand Prix d'Allemagne	Ferrari 312/B2

TOURISME	
Coupes de Spa	BMW Schnitzer 3,0 CSL

ENDURANCE	
6 heures de Daytona	Ferrari 312/PB (Andretti)
12 heures de Sébring	Ferrari 312/PB (Andretti)
1000 km de Brands Hatch	Ferrari 312/PB (Andretti)
1000 km de Monza	Ferrari 312/PB (Andretti)
1000 km de Zeltweg	Ferrari 312/PB (Regazzoni)
6 heures Watkins Glen	Ferrari 312/PB (Andretti)

73

ENDURANCE	
1000 km de Monza	Ferrari 312/PC (Redman)
1000 km du Nürburgring	Ferrari 312/PC (Redman)

74

FORMULE 1		TOURISME	
Course des champions (hors chpt)	Lotus 72	4 Heures de Salzburgring	BMW GR2
ENDURANCE			
1000 km de Spa	Matra 670 C (Jarier)		

75

ENDURANCE	
24 Heures du Mans	Gulf-Ford (Bell)

76

ENDURANCE	
6 heures de Mugello	Porsche 935 (Mass)
6 heures de Vallelunga	Porsche 935 (Mass)
4 heures de Monza	Porsche 936 (Mass)
500 km d'Imola	Porsche 936 (Mass)
24 heures du Mans	Porsche 936 (Van Lennep)
320 km de Mosport	Porsche 936
6 heures de Dijon	Porsche 935 (Mass)
500 km de Dijon	Porsche 935 (Mass)

77

ENDURANCE		
6 heures de Silverstone	Porsche 935 (Mass)	
24 heures du Mans	Porsche 935 (Pescarolo)	
6 heures de Watkins Glen	Porsche 935 (Mass)	
Hockenheim GR5	Porsche 935/21	
6 heures de Brands Hatch	Porsche 935 (Mass)	

TOURISME	
1000 km de Bathurst	Ford Falcon (Moffat)

78

ENDURANCE		TOURISME	
6 heures de Silverstone	Porsche 935 (Mass)	Course des Géants (Macao)	Ford Escort

79

CAN AM			
Charlotte	Lola	Elkart Lake	Lola
Mosport	Lola	Vraiherd	Lola
		Riverside	Lola

80

81

ENDURANCE	
24 Heures du Mans	Porsche 936/81 (Bell)

82

ENDURANCE			
24 Heures du Mans	Porsche 956 (Bell)	6 Heures du Mont Fuji	Porsche 956 (Mass)
1000 km de Spa	Porsche 956 (Mass)	1000 km de Brands Hatch	Porsche 956 (Bell)
		9 Heures de Kyalami	Porsche 956 (Mass)

83

ENDURANCE			
1000 km du Nürburgring	Porsche 956 (Mass)	RALLYE RAID	
1000 km de Spa	Porsche 956 (Mass)	Paris-Dakar	Mercedes 280 GE (Brasseur)

84

ENDURANCE	
1000 km de Silverstone	Porsche 956 (Mass)
1000 km de Mosport	Porsche 956 (Mass)

85

ENDURANCE	
1000 km de Mugello	Porsche 962 (Mass)
1000 km de Silverstone	Porsche 962 (Mass)
800 km de Selangor (Malaisie)	Porsche 962 (Mass)

89

RALLYE RAID	
Baja Aragon	Peugeot 405 (Tarin)

A suivre...

Grâce à l'une des filles de Jacky Ickx, l'aventure continue. A 21 ans, Vanina a emprunté la combinaison de course de son père et s'est lancée dans le Championnat Procar, au volant d'une BMW Compact.

Il faut du cran pour se jeter dans la ronde infernale et se mesurer, dès sa première course, à des gaillards comme Dechavanne, Bachelart, Duez ou Bouvy. La pression est énorme et ne vient pas seulement de ses adversaires. Quand on s'appelle Ickx, il faut aussi compter avec les journalistes, les photographes, les curieux et les sceptiques. Un nom célèbre est un cadeau à double tranchant. Mais grâce à l'encadrement de la BMW Compact Cup et aux conseils de son amie pilote Isabell Van de Velde, la carrière de Vanina a pris un excellent départ. La jeune pilote est consciencieuse et déterminée. Ces dons prometteurs n'autorisent cependant personne à exiger de Vanina qu'elle prolonge un palmarès aussi rare que celui de son père. Ce qu'elle a réussi est déjà magique: sur les circuits, le nom de Ickx fait à nouveau battre les coeurs!

« Deuxième? Derrière

◀ **1968**
Le fantôme des 24 Heures.
Première apparition "clin d'oeil", en attendant un vrai rôle dans l'histoire suivante.
Mais déjà, Henri Vaillant laisse deviner l'existence d'un projet avec Vaillante.

Dans **Cinq filles dans la course**, *Jacky se dispute la vedette avec Steve et l'inénarrable Betty.*

▼ **1969**

1968 ▶
De l'huile sur la piste. *Véritable premier rôle de Jacky, coéquipier de Michel et de Steve dans cette aventure particulièrement divertissante.*

◀ **1970**
Jacky participe aux 12 Heures de Sebring dans **Massacre** *pour un moteur.*

C'est l'avis de Jacky Ickx. Le champion belge fut le premier pilote de Formule 1 à jouer un véritable rôle dans les albums de la série Michel Vaillant. A sa demande.

En 1968, Jacky Ickx a déjà brillé dans de nombreuses disciplines, mais pas encore en bande dessinée. Dans le bureau de son frère Pascal, journaliste, Jacky croise Jean Graton. Le pilote confesse au dessinateur son

rêve de gagner une course dans une histoire de Michel Vaillant. *"Possible,* affirme l'auteur, *mais mon prochain scénario est déjà terminé, et c'est Michel qui gagne".* "Très bien, répond le pilote, *je veux bien terminer deuxième, si c'est derrière Michel Vaillant."*

▲ **1970**
Retour en Formule 1, pour assister à la **Série noire** *de Michel.*

◀ **1979**
Spécial XXe anniversaire:
Michel se bat contre Jacky lorsque le panneau d'affichage lui annonce... qu'il est papa!

Vaillant, c'est bien!»

◀ **1979**
Dans **La silhouette en colère**, c'est Vaillant qui terminera deuxième derrière Ickx.

Depuis, Jacky Ickx a dépassé le statut de "guest star". Il est devenu un véritable personnage de B.D., réclamé par les lecteurs de tous âges. Comment s'explique ce succès? Voici ce qu'en dit Jean Graton: *"D'abord, Jacky a un physique qui se prête bien au dessin. Il est beau et son visage est expressif. C'est aussi un véritable athlète, prêt à relever tous les défis. Il plaît aux filles, n'a peur de rien... Que faut-il de plus à un héros de BD?"* Les jeunes adorent retrouver en dessins le champion dont ils suivent déjà les exploits dans la presse et à la télé. Cette carrière parallèle se poursuit dans plusieurs albums, toujours réédités. Arrêt sur images.

16 HEURES! JACKY ICKX REMPORTE LES 24 HEURES DU MANS POUR LA CINQUIÈME FOIS!

▲ **1980**
On n'invente rien dans **Un pilote a disparu**.

Jacky Ickx et Claude Brasseur dans la bagarre du **Paris-Dakar**.
▼ **1982**

1988 ▶
En GT 40, lors du tour de "surchauffe" dans **Le défi des remparts**.

◀ **1991**
Une simple taquinerie entre Jacky et Steve dans **L'affaire Bugatti** ....

▲ **1992**
...va dégénérer en **Une histoire de fous**, premier épisode des égarements qui vont mener Steve Warson loin, très loin...

Pierre Dieudonné est l'auteur du texte principal. Les textes des "bolides" (p. 42 à 44) sont de Denis Asselberghs; les textes des B.D. ainsi que des pages 45 à 47 sont de Philippe Graton.

Les bandes dessinées sont de Jean Graton, assisté de Daniel Bouchez, Christian Lippens et Guillaume Lopez.

Les auteurs tiennent à remercier Jacky Ickx pour la confiance qu'il leur a témoignée.

Les auteurs tiennent également à remercier pour leur aide enthousiaste:

Jean Beurlys, Claude Brasseur, Michel Brunet, Bernard et Joan Cahier, Philippe Casse (D'Ieteren Porsche Import), Gigi Corbetta, Philippe Dehennin (BMW Belgium), Jean-Paul de Septenville (Archives ELF), André Devreese (Toyota Belgium), Evelyne Diwald, Fabrice (Agence DPPI), Vincent Fannoy (Belgarchive), Etienne Huart (Club Jacky Ickx), Franco Lini, Robert Marlier, Klaus Parr (Archives Porsche), Freddy Semoulin, Gilbert Staepelaere, Isabell Van de Velde, Pierre Van Vliet, Bruno Vandestick (Service Archives de l'Automobile Club de l'Ouest), André Welcker ainsi que les personnalités dont le témoignage figure en pages 40 et 41.

Le palmarès (page 45) a pu être réalisé grâce au Club Jacky Ickx, 131 rue Saint Lambert, 1200 Bruxelles.

CRÉDITS PHOTOS

Couverture	Photo Fred Maier	© Magnum Photos	Page 28 haut gauche	Photo d'auteur inconnu	© -
Page 3	Photo Bernard Cahier	© B. Cahier	Page 28 haut droite	Photo d'auteur inconnu	© D.P.P.I.
Page 4 (coupes)	Photo d'auteur inconnu	© Van Parys	Page 28 bas	Photo d'auteur inconnu	© D.P.P.I.
Page 4 (autres)	Photos Famille Ickx	© Jacky Ickx	Page 29	Photo Bernard Cahier	© B. Cahier
Page 5 haut	Photo Van Bever	© Ph. de Barsy	Page 35 bas	Photo d'auteur inconnu	© D.P.P.I.
Page 5 centre	Photos M. Delombaerde	© Ph. de Barsy	Page 36 haut droite	Photo Philippe Graton	© Mediaworks
Page 6 haut	Photo M. Delombaerde	© Ph. de Barsy	Page 36 centre gauche	Photo Gilles Levent	© D.P.P.I.
Page 6 bas	Photo M. Delombaerde	© E.P.E./Ph. de Barsy	Page 36 bas gauche	Photo d'auteur inconnu	© Isopress
Page 7	Photo Walter Breveglieri	© Associated Press	Page 36 bas droite	Photo Philippe Morel	© Gamma
Page 8 haut	Photo M. Delombaerde	© Ph. de Barsy	Page 37 haut	Photo Eric Vargiolu	© D.P.P.I.
Page 8 centre	Photo d'auteur inconnu	© Le Soir	Page 37 médaillon	Photo Jean- Luc Taillade	© D.P.P.I.
Page 9	Photos Bernard Cahier	© B. Cahier	Page 37 milieu droite	Photo I. Bich	© Sygma
Page 10 haut gauche	Photo M. Delombaerde	© Ph. de Barsy	Page 37 bas	Photo Guichard	© Gamma
Page 10 haut droite	Photo Bernard Cahier	© B. Cahier	Page 38 haut	Photo Eric Vargiolu	© D.P.P.I.
Page 10 centre + bas	Photos Bernard Cahier	© B. Cahier	Page 38 centre	Photo d'auteur inconnu	© D.P.P.I.
Page 25 haut	Photo d'auteur inconnu	© D.P.P.I.	Page 38 bas	Photo Y. Arthus Bertrand	© Senepart
Page 25 bas	Photo d'auteur inconnu	© D.P.P.I.	Page 39 haut	Photo d'auteur inconnu	© D.P.P.I.
Page 25 médaillon	Photo d'auteur inconnu	© D.P.P.I.	Page 39 centre	Photo Gilles Levent	© D.P.P.I.
Page 26 haut	Photo Jean Wouters	© Le Soir	Page 39 bas	Photo Gilles Levent	© D.P.P.I.
Page 26 bas	Photo d'auteur inconnu	© Van Parys	Page 40 et 41	Photos personnalités	© -
Page 27 haut gauche	Photo François Gaillard	© Sipa	Page 45 "Palmarès"	Médaillons d'après divers	© D.P.P.I.
Page 27 haut droite	Photo d'auteur inconnu	© D.P.P.I.	Page 45 "A suivre"	Ph. Graton/Van de Velde	© Sygma
Page 27 bas	Photo d'auteur inconnu	© D.P.P.I.	Page 47	Photo Bruno des Gayets	© Wake Upp

BIBLIOGRAPHIE

Jackie Ickx	Tommaso Tommasi	1970	L'Editrice dell'Automobile
Jacky Ickx à bâtons rompus	John J. Goossens	1971	Arts & voyages
Jacky Ickx	Denis Asselberghs	1991	Glénat

Collection conçue et dirigée par
Philippe Graton

Maquette et mise en page: Dominique Chantrenne
Photogravure: Groupe G / Tallon

Imprimé en Belgique
en juin 1996

D/1996/3640/2
ISBN 2-87098-027-2